WANDERBUCH
Schneepfade im Berner Oberland

Berner Wanderwege

Winterwanderungen im Berner Alpen- und Voralpenraum

Inhalt

Herausgeber: Berner Wanderwege BWW, Postfach, 3000 Bern 25
Texte: Andreas Staeger, Brienz/Bern
Redaktion und Kartografie-Vorlagen: Rudolf Künzler, Bern
Druckvorstufe/Kartografie: Walter Mühlethaler, Köniz
Fotos: Stephanie Dür, Bern: Umschlag; Koni Staeger, Brienz: S. 6, 66, 79;
Andreas Staeger, Bern/Brienz: alle übrigen Bilder.

© 2005 **Berner Wanderwege,** Postfach, 3000 Bern 25

Herausgabe ermöglicht durch
einen finanziellen Beitrag von:

SWISSLOS

Lotteriefonds
Kanton Bern

Berner Wanderwege
Chemins pédestres bernois

Wandern auf Schneepfaden

«Schneepfade» – das sind gepfadete Wanderwege in winterlicher Bergwelt. Sie laden dazu ein, sich an der frischen Luft abseits vom Nebel und Matsch der Städte zu erholen. Auch Nicht-Skifahrer können damit winterliche Bergfreuden erleben und gleichzeitig körperlichen und seelischen Ausgleich finden.

Das vorliegende Buch präsentiert eine Auswahl der schönsten und attraktivsten dieser «Schneepfade» im Berner Oberland. Sämtliche Routen wurden im Winter 2005 begangen. Die Richtung wurde jeweils nach dem Motto «der Sonne entgegen» gewählt. Die meisten Routenverläufe wurden mit GPS erhoben und verifiziert. Da etliche Routen auch ausserhalb des geläufigen (Sommer-) Wanderwegnetzes verlaufen und jeden Winter durch maschinelle Präparation neu angelegt werden, kann der effektive Routenverlauf von dem in den Routenkärtchen festgehaltenen Verlauf unter Umständen leicht abweichen.

Wandern galt bis in die achtziger Jahre des letzten Jahrhunderts als klassische Sommeraktivität. Doch im Gefolge der Häufung von schneearmen Wintern begannen damals die alpinen Wintersport-Stationen nach Ergänzungen zum Skifahren Ausschau zu halten – und wurden fündig: Das Winterwandern war geboren. Was anfänglich nur von wenigen Trendsettern ausgeübt wurde, entwickelte sich innert weniger Jahre zu einem beliebten und breit abgestützten Wintersport.

In milden Wintern lassen sich zahlreiche Wanderwege in tieferen Lagen meist ohne grössere Schwierigkeiten begehen. Im Berggebiet hingegen erlaubt es eine oft meterdicke Schneedecke nicht, dass ohne weiteres sorglos gewandert werden kann. Zudem können Lawinen und andere alpine Gefahren nicht nur Skifahrer, sondern auch Fussgänger bedrohen. Routen für Winterwanderer müssen daher sorgfältig geplant werden. Damit sie auch unbeschwert begangen werden können, werden sie zudem signalisiert, gespurt und präpariert.

Pionierarbeit wurde dabei seinerzeit im Berner Oberland geleistet. Bergbahnunternehmungen und Tourismusorganisationen griffen den neuen Trend rasch auf, erkannten darin eine Chance und bauten zügig die entsprechende Infrastruktur auf. Innert weniger Jahre entstand auf diese Weise ein vielfältiges und abwechslungsreiches Angebot an Winterwanderrouten. Den Initianten sei an dieser Stelle ebenso gedankt wie den vielen Helfern, die es jeden Winter mit ihrem Einsatz ermöglichen, dass dieses Angebot aufrecht erhalten werden kann. Dank gebührt aber auch Ruedi Künzler, dem Ehrenpräsidenten der Berner Wanderwege, der die Produktion dieses Werks durch tatkräftige Unterstützung mit ermöglicht hat.

Andreas Staeger
Geschäftsführer Berner Wanderwege

Wundervoll ist es, bei gleissender Wintersonne auf
frisch gepfadeten Wegen durch eine verschneite
Landschaft zu ziehen. Unter den Sohlen knirscht
der Schnee, in der kalten Luft dampft der Atem,
ein Panorama winterlich gekleideter Bergspitzen
erfreut das Auge. Bild: Entlang der Simme zwischen
Zweisimmen und St. Stephan.
Umschlagbild: Auf dem Winterwanderweg am
Sparemoos oberhalb von Zweisimmen.

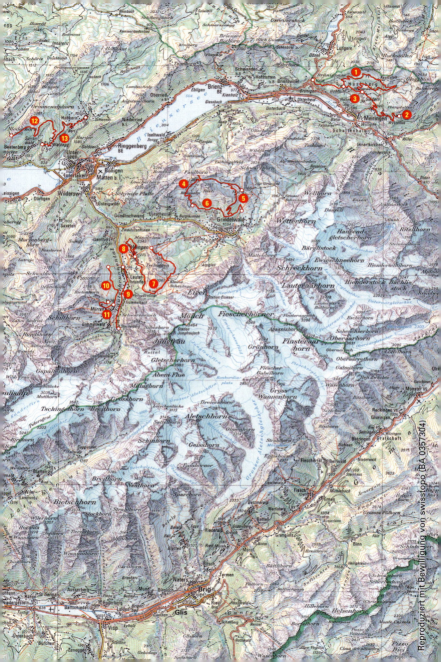

Routenverzeichnis

Kein Nebel, kein Schneematsch, dafür trockene Kälte und eine wunderbare Aussicht: Solche Gaben hält die Natur für Winterwanderer bereit, die der Stadtluft entfliehen. Ausblick von Mürren zum Schwarzmönch und zur Jungfrau.

Mit dem ÖV zum Schneepfad

▲ Bern   ▲ Burgdorf

Teuffen

Thun

Sigriswil/Schwanden

△ Niederho

Gunten   Beatenberg

Stockhorn

Chrindi

Oey-Diemtigen

Erlenbach   Beatenbucht

Spiez   West   Interlak

▲ Bulle

Jaunpass

Boltigen

Horboden

Reichenbach

Zweili

Zweisimmen

Sparenmoos

Riedli   △ Nüegg   Kiental

Grütschal

▲ Montreux

Saanenmöser

△ Rinderberg

Allmendhubel △

Rellerli △

Schönried   Grimmialp   Frutigen

Schilthorn △   Mürr

△ Horneggli

Saanen   Gstaad

Eggli △   Turbach

Kandersteg

Lenk   Bühlberg

△ Oesch

Wispile △

Metsch   Tschenten △

Schärmtanne

Betelberg   Simmenfälle   Adelboden

▲ Les Diablerets

Sillerenbühl   Unter dem Birg   Eggen-schwand

Lauenen   Hahnenmoos   Geils   Sunnbüel △

△ Engstligenalp   NE

Gsteig

Gemmipass △

Montana

Crans   Leukerbad

Sierre   Leuk

8

Sion

▲ *Luzern*

Innereriz

Käserstatt

Bünig

Hasliberg Hohfluh

Hasliberg Reuti

Planplatten

Wasserwendi

Brienz

Meiringen

Innertkirchen

Gadmen

Axalp

△ *Windegg*

Gschwantenmad

Schwarzwaldalp

Guttannen

First

Bussalp

Bort

Grindelwald

Lauterbrunnen

△ *Männlichen*

Kleine Scheidegg

Oberwald

Furka ▶

Wengen

Stechelberg

△ *Jungfraujoch*

Bellwald

Eggishorn △

Fieschertal

Laucheralp

Fafleralp

Fiescheralp

Fürgangen

Bettmeralp

Fiesch

Wiler

Riederalp

Goppenstein

Betten

Belalp

Mörel

2007

Blatten

Naters

Der öffentliche Verkehr (ÖV)
Netzplan: Winterbetrieb (Stand 2005)

Visp

Brig

▬▬▬	**Bahnlinien**
─────	**Buslinien**
··········	**Seil-, Gondel- und Sesselbahnen**

Ortsnamen gemäss offiziellem Kursbuch der Schweiz

I T A L I A

9

Winterwandern – Tipps und Verhaltensregeln

● Winterwanderwege sind in der Regel pinkfarbig markiert. Halten Sie sich unbedingt an die gespurten und entsprechend gekennzeichneten Wege. Sie begeben sich sonst unnötig in Gefahr (Lawinen, Eisstürze).

● Planen Sie genug Zeit ein. Die unterschiedliche Schneebeschaffenheit wirkt sich auf das Gehtempo aus. Fussgänger kommen im Schnee spürbar langsamer vorwärts als auf Kies oder Gras. Die Zeitangaben auf den normalen gelben Wegweisern sind daher im Winter nicht ohne weiteres gültig (sie basieren auf einer durchschnittlichen Marschgeschwindigkeit von 4,2 km/h). Auf verschneiter Unterlage reduziert sich das Gehtempo merklich. Die Zeitangaben im vorliegenden Wanderbuch beruhen auf einem Mittelwert von 3,5 km/h. Bei Aufstiegen in frischem Pulverschnee oder bei Abstiegen an vereisten Stellen kann der Zeitaufwand erheblich zunehmen.

● Beim Wandern im Winter bestehen weniger Ausweich- und Improvisationsmöglichkeiten als im Sommer. Die ein-

mal gewählte Route muss meistens beibehalten werden, da sie auf einer gepfadeten Strecke verläuft, während allfällige Abzweigungen in der Regel nicht gespurt sind.

● Viele Wanderwege in der Schweiz können das ganze Jahr hindurch begangen werden. Im Flachland liegt meist nur

selten eine kompakte Schneedecke, die das Begehen tiefgelegener Wanderwege verunmöglichen würde. Beim Winterwandern liegen die Dinge grundlegend anders. Sämtliche der hier vorgestellten Routen liegen im Berggebiet und können erst begangen werden, nachdem sie maschinell präpariert worden sind. In der Regel erfolgt dies bereits kurze Zeit nach Schneefällen. Bei grossen Neuschneemengen können sich aber die Arbeiten verzögern, so dass die betroffenen Wege nicht zugänglich sind. Informieren Sie sich daher im Zweifelsfall vorgängig, ob die von Ihnen gewählte Route geöffnet ist. Wir haben bei jeder Route die entsprechenden Auskunftsstellen angegeben.

● Einige Winterwanderwege werden zeitweise auch unabhängig von der Neuschneemenge geschlossen, da sie durch lawinengefährdetes Gebiet führen. Je nach Exposition und Sonneneinstrahlung betrifft die Sperrung zwar oft nur einzelne kurze Wegabschnitte. Weil diese nicht umgangen werden können, ist aber dennoch die gesamte Route

gesperrt. Halten Sie sich unbedingt an entsprechende Hinweise und Absperrungen. Um unliebsame Überraschungen zu vermeiden, empfehlen wir Ihnen auch aus diesem Grund, sich vorgängig zu vergewissern, ob die gewünschte Route tatsächlich offen ist.

● Einige der in diesem Buch vorgestellten Routen führen entlang von Wintersportgebieten oder auch durch diese hindurch. Beachten Sie unbedingt die Trennung zwischen Pistenraum oder Langlaufloipen und Winterwanderwegen. Bei unkontrollierter Kreuzung besteht erhebliche Unfallgefahr!

● Abstiege auf Winterwanderwegen werden gerne auch mit Schlitten unternommen; hier ist gegenseitige Rücksichtnahme gefragt: Schlittler passen ihre Fahrweise und ihr Tempo den Verhältnissen an, Wanderer halten sich am Rand der Strecke auf.

● Bei Tauwetter kann die Schneedecke auf Winterwanderwegen tagsüber aufweichen und in der folgenden Nacht stellenweise zu Eis gefrieren. Solche Abschnitte können eine ansonsten genussreiche Winterwanderung zu einer recht schwierigen Herausforderung machen. Bei maschinell präparierten Wegen lässt sich die Oberfläche zwar etwas aufrauhen; erwarten Sie aber keine Wunder. Hilfreich sind in solchen Situationen Wanderstöcke, gegebenenfalls auch Sohlen-Spikes oder -Ketten. Wichtig auf Winterwanderwegen ist ohnehin gutes Schuhwerk mit griffiger Sohle.

● Wetterumstürze treten im Gebirge unvermittelt auf. Ein Schutz gegen Kälte und Nässe ist darum unentbehrlich. Auch gegen die intensive Sonnenbestrahlung sind Schutzmittel nötig (Sonnenbrille, Sonnenhut, Sonnencreme).

Naturverträgliches Verhalten auf Winterwanderungen

Die winterliche Bergwelt hält für uns Menschen eine Fülle von Reizen bereit. Sie ist aber auch Lebensraum verschiedener Tierarten, die auf Ruhe und Distanz angewiesen sind. Als Winterwanderer können Sie mit dem Einhalten einiger weniger einfacher Regeln dazu beitragen, dass die Natur nicht unnötig belastet wird. Herzlichen Dank für Ihre Unterstützung!

● Bleiben Sie stets auf der gepfadeten Route.
● Geniessen Sie die winterliche Stille und stören Sie diese selbst nicht unnötig.
● Falls Sie Wildtieren begegnen, beobachten Sie diese aus gebührender Distanz.
● Lassen Sie Hunde im Waldgebiet und entlang von Waldrändern nicht frei laufen.
● Lassen Sie nichts zurück als Ihre Spuren, und nehmen Sie nichts mit ausser Ihren Eindrücken.

Markierung der Routen

Die angegebenen Wanderzeiten basieren auf einer Marschgeschwindigkeit von 3,5 km pro Stunde auf ebener, gut begehbarer Strecke. Besondere Wegverhältnisse, schwieriges Gelände, Steigungen und Gefälle sind mitberücksichtigt. Rastzeiten sind nicht eingerechnet.

Pink-Markierung

Die Pink-Markierung für Winterwanderrouten hat sich vielerorts durchgesetzt. Die entsprechend gekennzeichneten Routen verlaufen in der Regel über bestehende (Wander-)Wege und Strässchen, führen teilweise aber auch (auf Strecken, die nur im Winter gepfadet sind) quer über Wiesen und Weiden. Die Routen sind mittels pinkfarbigen Wegweisern bei den Ausgangspunkten und bei Verzweigungen gekennzeichnet.

Schneemann-Markierung

Im Kanton Bern nach wie vor häufig anzutreffende Vorläuferin der Pink-Markierung. Die Routen führen ausnahmslos über gelb markierte Wanderwege, die durch maschinelle Präparation auch im Winter begehbar gemacht werden. Das Schneemann-Symbol beim Ausgangspunkt und bei Verzweigungen kennzeichnet die entsprechenden Routen.

Je nach Schneeverhältnissen (z.B. bei pulvrigem Neuschnee oder bei vereisten Stellen) kann der Zeitaufwand wesentlich höher liegen.

Im Unterschied zu den geläufigen, im Sommer begehbaren Wanderwegen (durchwegs gelb markiert) werden Winterwanderwege nach mehreren unterschiedlichen Systemen markiert.
Bei den einzelnen Routenbeschreibungen ist die betreffende Markierungsart jeweils vermerkt. Da sich die pinkfarbige Markierung immer mehr durchsetzt, können die Angaben zur Markierungsart unter Umständen von der effektiven Markierung im Gelände abweichen.

Weitere Markierungsarten

Bei Winterwanderwegen mit Ausgangspunkt bei Bergstationen von Bergbahnen sind gelegentlich noch weitere Markierungsarten anzutreffen: Grüne oder violette Wegweisertafeln beim Ausgangspunkt und bei Verzweigungen, violette oder orange Stangen entlang der gepfadeten Strecke usw. Die entsprechend gekennzeichneten Routen verlaufen in der Regel abseits bestehender Wege und führen oft quer über Weidland.

Zeichenerklärung: Legende zu den Routenkärtchen und zu den Profilen

🚋	Bahnstation	🏘	Ortschaft mit Kirche
🚌	Busstation	🏠	Dorf oder Weiler
(🚌)	Busstation, reduzierte Bedienung	🏠	Einzelgebäude
⛴	Schiffstation	🏠	Gasthaus; ⋈ Betten / ⊢ Nachtlager
🚟	Standseilbahnstation	🏰	Schloss
🚡	Luftseilbahnstation	🏚	Ruine
🚠	Gondelbahnstation	🌲	Wald
🚡	Sesselbahnstation	☆	Aussichtspunkt / Sehenswürdigkeit

— Winterwanderweg
- - - Variante
~~~~ Teilstrecke auch mit Schlitten befahrbar
········ Teilstrecke nur mit Schlitten befahrbar

Zeitangaben

●	0h30		1h15
1h15		0h45	●

Die in den Profilen vermerkten Wanderzeiten beziehen sich immer auf den Ausgangspunkt der Route.

Kursiv gesetzte Ziele in der Routenbeschreibung erscheinen auch im Höhenprofil; ***fett-kursiv*** gesetzte Ziele weisen im Höhenprofil zudem eine Zeitangabe auf.

Grindelwald–First, Wengen–Männlichen, Mürren und Hasliberg: Die weltbekannten Ski-Destinationen halten auch einige besonders attraktive Leckerbissen für Winterwanderer bereit. Das Winterwander-Angebot im östlichen Berner Oberland weist eine üppige Vielfalt auf: Es umfasst sowohl einfache Spaziergänge als auch anstrengende Bergtouren zu grandiosen Aussichtspunkten. Bild: Blick von Ausserwengen zur Jungfrau.

Über die weiten Alpgebiete des Haslibergs

5h30 Hasliberg Hohfluh–Balisalp–Käserstatt–Mägisalp–Wasserwendi

Nicht nur «Skihäsli» kommen am Hasliberg auf ihre Kosten. Ausserhalb der Skigebiete wie auch quer hindurch stehen mehrere interessante und attraktive Winterwanderwege zur Verfügung, die sich zu einer ausgedehnten und kontrastreichen Tour kombinieren lassen. Diese führt sowohl über die beschauliche und stille Balisalp als auch über die mitten im Pistengebiet liegende Mägisalp. Die Route ist durchwegs mit dem Schneemann-Symbol gekennzeichnet (auf gelbem Grund entlang der Sommerwanderwege, auf grünem oder pinkfarbigem Grund dort, wo sie im Winter auf einem eigenständigen Trassee liegt).

Ein paar Schritte östlich der Postauto-haltestelle **Hasliberg Hohfluh** befindet sich der Ausgangspunkt der Wanderung. Von der Kantonsstrasse aus zweigt ein Strässchen rechtwinklig ab und führt den Hang hinauf. In regelmässigem, aber nicht allzu steilem Aufstieg durch offenes Gelände gewinnt man an Höhe. Mehr und mehr weitet sich die Sicht auf das Rosenlauigebiet auf der gegenüber-liegenden Talseite.

Im Gebiet **Bärschwendi** führt der Weg in den Wald und verläuft während einigen hundert Metern entlang einer Wald-abfahrt für Skifahrer; damit allfällige Kreuzungssituationen frühzeitig erkannt und gefahrlos gemeistert werden können, sollten auch die Wanderer erhöhte Aufmerksamkeit pflegen. Im *Bannwäldli* zweigt die Wanderroute bei Pkt. 1528 von der Skipiste links ab. Der Wald geht ins weite und in winterlicher Stille liegende Hochmoor der **Balisalp** über. Darüber sind im Südwesten die Gipfel des zwi-

schen Axalp und Grindelwald liegenden Schwarzhorngebiets zu sehen.

An zahlreichen Alphütten vorbei, die teilweise auch im Winter als Ferienhäuser genutzt werden, gelangt man all-mählich ins Skigebiet. Der Winterwanderweg umgeht die Pisten zunächst weiträumig, quert dann ein Skilifttrassee und steigt unmittelbar neben der Ski-piste zur **Käserstatt** an. Von hier aus führt der auch im Winter gut begehbare «Murmeliweg» über *Chüemad* Richtung Mägisalp weiter (die Murmeltiere halten während der kalten Jahreszeit allerdings ihren Winterschlaf und sind deshalb nicht zu sehen). Wegen der grandiosen Aussicht auf das ganze Haslital bis zum Brienzersee hinunter dürfte dies der at-traktivste Abschnitt der ganzen Wande-rung sein. Die Route verläuft hier aller-dings abschnittsweise auch durch dicht genutztes Skigebiet – Aufmerksamkeit und gegenseitige Rücksichtnahme sind notwendig. Bei den ersten Hütten der

Mägisalp im **Undere Stafel** zweigt der Winterwanderweg Richtung Bidmi spitzwinklig rechts ab und führt in sanftem Abstieg talwärts.

Das viel besuchte «Skihäsli-Land» im Gebiet Bidmi (Skischule und Restaurants) rückt schon bald links ins Blickfeld. In der weiten Linkskurve Richtung Bidmi wird bei **Halmersmad** jedoch rechts abgezweigt. Auf einer stillen Hochebene verläuft der Weg der Loipe entlang nach

Lischen (hier besteht eine Haltestelle der Gondelbahn Twing-Käserstatt und somit die Möglichkeit, den Abstieg zu verkürzen). Danach gehts abwärts, zunächst der Skipiste entlang, später auf einem Strässchen.

Von den ersten Ferienhäusern des Dorfs Wasserwendi im *Halti* ist es nicht mehr weit bis zum Zielpunkt, der Postautohaltestelle beim REKA-Ferienzentrum **Wasserwendi.**

Auskunft zur Begehbarkeit
Tourismus Information Hasliberg
☎ 033 972 51 51, www.alpenregion.ch
Meiringen-Hasliberg-Bahnen AG
☎ 033 972 50 10, www.alpentower.ch
Automatischer Wintersportbericht
☎ 086 033 971 43 43

Gasthäuser am Weg
Gasthäuser in Hasliberg Hohfluh und Wasserwendi:
Tourismus Information 6084 Hasliberg
☎ 033 972 51 51, www.alpenregion.ch
Berghaus Käserstatt ⌕ ⌕
6084 Hasliberg Wasserwendi
☎ 033 971 27 86, www.kaeserstatt.ch
Berghaus Mägisalp ⌕ ⌕
6086 Hasliberg Reuti ☎ 033 972 53 20

Nicht nur für kleine Wanderer mit kurzen Beinen, sondern auch für Erwachsene kann eine Schlittenabfahrt den Abstieg (wie hier im Gebiet Balisalp) auf angenehme Weise verkürzen.

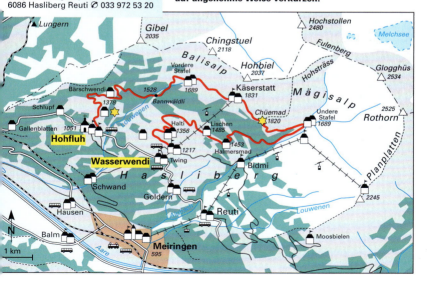

nette Schlittelbeiz, Aussicht naja

2 Mit dem Schlitten zur Aussichtskanzel des Haslitals

2h20 Hasliberg Reuti–Schletter–Winterlicken–Moosbielen

Im Osten des Wintersportgebiets Hasliberg liegt das stille Gental. An seinem Eingang, hoch am Hang, befindet sich der Alpstafel Moosbielen – ein Aussichtspunkt erster Güte mit Blick auf das gesamte Haslital bis hin zum Brienzersee. Der Weg hinauf verläuft auf einem Strässchen, das sich ideal für eine rassige Schlittenabfahrt auf dem Rückweg eignet. Die Route ist durchwegs mit dem Schneemann-Symbol gekennzeichnet (auf gelbem Grund entlang der Sommerwanderwege, auf grünem oder pinkfarbigem Grund dort, wo sie im Winter auf einem eigenständigen Trassee liegt).

Von der Endstation **Reuti** der Postautolinie Brünigpass–Hasliberg das Strässchen wählen, das von Seilbahn und Skigebiet nach Osten ansteigend wegführt. Zunächst verläuft es noch durch Siedlungsgebiet, so dass vereinzelt Autos in Kauf genommen werden müssen. Alsbald aber wird freies Gelände erreicht, so dass man nun die prächtige Aussicht auf das obere Haslital ins Grimselgebiet, auf das Rosenlauigebiet und auf den Aare-Talboden mit Meiringen unbeschwert geniessen kann.

Die gelben Wanderweg-Abzweigungen für einmal ignorierend, verbleibt man durchwegs auf dem Strässchen und gewinnt so zusehends an Höhe. Nach einigen weiten Kehren wird die Verzweigung **Obri Schletter** (nach Bidmi 1 h) erreicht. Von nun an wechseln sich Bergwald und Alpweiden ab. Mit zunehmender Höhe weitet sich auch das Panorama. Beim Standort **Winterlicken** verzweigen sich im Sommer die Wanderrouten in Rich-

tung Gental; beide Varianten gilt es auszuschlagen – der Winterwanderweg folgt weiterhin dem gepfadeten Strässchen. Dieses führt in einigen weiteren Kehren unverwandt weiter hinauf zum Zielpunkt **Moosbielen.** Vom Ende der gepfadeten Strecke gilt es noch ein kurzes Stück hinauf zu den Hütten des Alpstafels zurückzulegen.

Auf dem Weg zur Winterlicke bietet sich ein herrlicher Ausblick ins stille Urbachtal; rechts die Engelhörner.

Hasliberg Reuti 1061	Schletter 1166	Obri Schletter 1238	Winterlicken 1391	Moosbielen 1621

0	1	2	3	4	5 km

	0h50	1h30	2h20
1h40	1h	0h35	

Auskunft zur Begehbarkeit
Tourismus Information Hasliberg
✆ 033 972 51 51, www.alpenregion.ch
Automatischer Wintersportbericht
✆ 086 033 971 43 43

Gasthäuser am Weg
Gasthäuser in Hasliberg Reuti:
Tourismus Information 6084 Hasliberg
✆ 033 972 51 51, www.alpenregion.ch
Schlittelbeizli Moosbielen
6086 Hasliberg Reuti ✆ 079 233 62 54

Hinweise zu den Routen 2a+b **Seite 82.**

Im «Schlittelbeizli» sind Getränke sowie kleine warme und kalte Speisen erhältlich. Solcherart gestärkt, tritt man die Rückkehr auf gleichem Weg an. Zuvor lohnt sich ein letztes Mal der Rundblick vom Grimselgebiet über Urbachtal, Engelhörner, Rosenhorn, Rosenlauigebiet, Schwarzhorn, Brienzersee und Rothornkette.

Nach Hasliberg Reuti zurück gelangt man entweder zu Fuss oder in rassiger Talfahrt auf dem Schlitten.

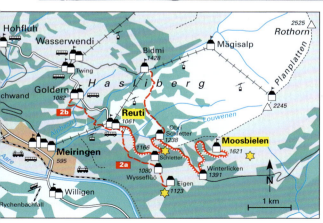

Während auf dem Hasliberg auch im Hochwinter bereits am Morgen die Sonne scheint, liegt der Talboden von Meiringen noch eine Weile im Schatten.

Auf dem Panoramaweg über den Hasliberg

3h30 Hasliberg Reuti–Wasserwendi–Hohfluh–Brünigpass

Der Panoramaweg verbindet die einzelnen Dörfer der langgezogenen Gemeinde Hasliberg. Die Begehung des durchwegs zwischen 1000 und 1100 m verlaufenden Höhenwegs stellt auch im Winter einen Genuss besonderer Güte dar. Weite verschneite Wiesen, winterlicher Bergwald und die von der Sonne dunkelbraun gebrannten Holzhäuser der Dörfer wechseln sich stetig ab. Die Route ist durchwegs mit dem Schneemann-Symbol gekennzeichnet (auf gelbem Grund entlang der Sommerwanderwege, auf grünem oder pinkfarbigem Grund dort, wo sie im Winter auf einem eigenständigen Trassee liegt).

Bei der Postauto-Endstation **Hasliberg Reuti** zweigt ein Strässchen in östlicher Richtung von der Hauptstrasse aufwärts ab. Auf diesem gehts nach Bidmi und Moosbielen (siehe Route 2). Nach rund 300 m wird links abgezweigt. Weiterhin aufsteigend gehts durch zwei scharfe Kurven des Strässchens und danach gegen das Trassee der Gondelbahn zur Mägisalp. Bevor dieses unterquert wird, zweigt die Route auf dem *Eggli* vom Strässchen ab und führt fortan auf einem präparierten Wanderweg in leichtem Ab-und Aufstieg über verschneites Wiesland und durch Waldgebiet. Zwischendurch wird gelegentlich eine Skipiste gequert, doch Stille und Beschaulichkeit auf dieser Route werden durch den Wintersportbetrieb kaum beeinträchtigt.

Das Siedlungsgebiet in **Wasserwendi** wird vom Feriendorf der Schweizer Reisekasse (REKA) geprägt. 60 Ferienwohnungen stehen hier an bevorzugter Lage

mitten im Skigebiet für Familien zur Verfügung. Das Dorfzentrum ist denn auch entsprechend belebt. Nach der Unterquerung der Seilbahnlinie Twing–Käserstatt kehrt jedoch bald wieder winterliche Ruhe auf der Wanderroute ein. Weit schweift der Blick vom Höhenweg über die Brienzer-Rothorn-Kette, das Brienzersee-Becken und das Schwarzhorn- und Rosenlauigebiet.

Beim Louwenenbach erfolgt der Abstieg nach **Hohfluh** hinunter. Nach der Überquerung der Kantonsstrasse gehts weiter hinunter an den behäbigen Holzhäusern des Dörfchens vorbei, nach 200 m dann rechts Richtung Brünigpass. Über offenes Gelände gelangt man geradeaus und ebenen Wegs nach *Schlupf* und weiter zum Wald, wo der Weg wieder etwas ansteigt. Im Gebiet **Bodemli** wird die Kantonsstrasse erneut überquert.

Mehrere mächtige Findlinge am Wegrand setzen hier im Wald einen urtümlichen Akzent; sie wurden am Ende der

letzten Eiszeit vor mehr als 10 000 Jahren vom Aaregletscher zurückgelassen. In leichtem Abstieg setzt sich die Route fort Richtung *Waldegg,* wo sie in die Strasse mündet.

Nach der Überquerung der Bahngeleise auf der Strassenbrücke sind es nur noch wenige Schritte nordwärts bis zur Bahnstation **Brünig-Hasliberg.**

Auskunft zur Begehbarkeit
Tourismus Information Hasliberg
✆ 033 972 51 51, www.alpenregion.ch
Automatischer Wintersportbericht
✆ 086 033 971 43 43

Gasthäuser am Weg
Gasthäuser in Hasliberg Reuti, Wasserwendi und Hohfluh: Tourismus Information, 6084 Hasliberg
✆ 033 972 51 51, www.alpenregion.ch
Hotel Brünig-Kulm ⋈, 3860 Brünig ✆ 033 971 17 08
Hotel Silvana ⋈, 3860 Brünig ✆ 033 971 16 81
Hotel Waldegg ⋈ ⊢, 3860 Brünig ✆ 033 971 11 33

Hinweise zu den Routen 3a+b **Seite 82.**

Weit schweift der Blick vom Hasliberg über den Brienzersee hinweg zur Augstmatthornkette (rechts). Am linken Bildrand das Schwarzhornmassiv, daneben die Oltschiburg.

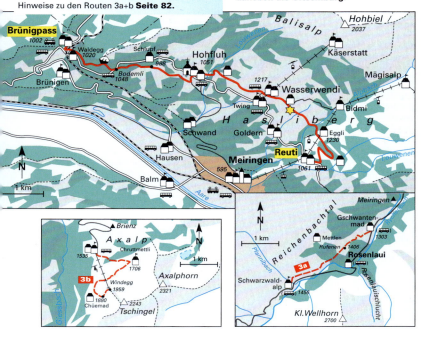

Hinweise zu den Routen 3a+b **Seite 82.**

23

4 Nichts für Faulpelze: Das Faulhorn im Winter

4h30 First–Bachalpsee–Gassenboden–Faulhorn–Oberläger–Bussalp

Unter den vielen schönen Winterwander-Routen im Berner Oberland gilt jene auf das Faulhorn unbestritten als eine der Königsrouten. Der relativ lange Aufstieg durch eine nahezu unberührte Winterlandschaft, die grandiose Aussicht vom Gipfel des Faulhorns und die einzigartige Abfahrt zur Bussalp vermitteln unvergleichliche Erlebnisse. Die Route ist beim Ausgangspunkt und bei Verzweigungen mit violetten Wegweisern sowie am Pfadrand mit violetten Stangen markiert.

Von der Gondelbahn-Bergstation **First** zieht sich der mit Pistenfahrzeugen gespurte Winterwanderweg in grosszügiger Breite über den Hang nördlich des Berghauses. Nach einem kurzen, aber recht heftigen Anstieg gehts alsbald ebenen Wegs zur **Gummihitta** und, in leichtem Auf und Ab, weiter zum **Bachalpsee**. In der warmen Jahreszeit als blaues Juwel bekannt, fristet dieser im Winter unter einer dicken Eis- und Schneeschicht ein eher unscheinbares Dasein. Die unberührte Landschaft, die nur von vereinzelten Wildspuren und Skitouren-Linien durchzogen ist, übt jedoch gerade deshalb einen ganz besonderen Reiz aus. Danach gehts in einem zwar nicht überaus steilen, aber langen und hartnäckigen Aufstieg an der *Burgihitta* vorüber Richtung Gassenboden. Zwar steht fest, dass die Bezeichnung «Faulhorn» auf das bröcklige Gestein zurückgeht, aus dem der Berg besteht. Dennoch gehört festgehalten, dass dieser Gipfel nichts für faule Leute ist, sondern nur von fleissigen Aufsteigern bewältigt werden kann.

Im **Gassenboden** rückt das Ziel, der Gipfel des **Faulhorns** mit dem Berghaus, in Sichtweite. Diesen kleinen Abstecher mit ein paar Dutzend zusätzlichen Metern Aufstieg sollte man keinesfalls scheuen, denn die Aussicht vom Gipfel ist grandios. Im Norden öffnet sich die Perspektive auf den Brienzersee und die Augstmatthorn-Kette; im Osten ragen die Zacken des Schwarzhorn-Massivs und des Wetterhorns in die Höhe; gegen Süden hin setzt sich die Gipfelparade mit Schreckhorn, Finsteraarhorn und Eiger fort; und im Westen breitet sich das Lauterbrunnental aus, das am Horizont vom Blüemlisalp-Massiv abgerundet wird. Es war eine Pioniertat ohnegleichen, als im Jahre 1830 auf dem Faulhorn das damals höchstgelegene Berghotel Europas errichtet wurde. Das Berghaus, das sich förmlich in den Südhang der 2680 m hohen Gipfelkuppe schmiegt, zeugt von der Frühzeit der touristischen Entwicklung im Schweizer Alpenraum, ist aber auch heute ein attraktiver Anziehungspunkt für Ausflügler. Der Betrieb ist

Auskunft zur Begehbarkeit
Grindelwald Tourismus
☎ 033 854 12 12
www.grindelwald.com
Firstbahn AG
☎ 033 828 77 11
Automatischer
Wintersportbericht
☎ 033 828 77 28

Gasthäuser am Weg
Berghaus First
3818 Grindelwald
☎ 033 853 12 84
Restaurant Bussalp
3818 Grindelwald
☎ 033 853 37 51

Der Lohn für die Mühen des Aufstiegs: Eine fantastische Rundsicht vom Gipfel des Faulhorns aus. Richtung Norden sind im Vordergrund die Bättenalp, der Brienzersee und die Kette von Augstmatthorn und Brienzer Rothorn sowie links dahinter der Hohgant auszumachen.

nur in den Sommermonaten geöffnet. Für den Rückweg wird zunächst auf gleicher Route nach **Gassenboden** abgestiegen. Von dort gehts ostwärts weiter. Sehr zu empfehlen ist eine Abfahrt mit dem Schlitten. Bei guten Schneebedingungen kann bis nach Grindelwald hinuntergefahren werden. Nicht weniger als 15 km misst diese einzigartige Strecke; sie gilt damit als längste Schlittelabfahrt der Welt. Doch auch wer zu Fuss unter-

wegs ist, kommt beim Abstieg nicht zu kurz. Das Trassee wird mit Pistenfahrzeugen breit gepfadet und bietet damit Schlittlern und Wanderern mehr als genug Platz. Der Abstieg ist zudem nicht übermässig steil. Lediglich zu Beginn muss ein recht deutliches Gefälle in Kauf genommen werden. Danach gehts auf angenehmem Weg zum *Oberläger* hinunter und von dort in mehreren weiten Bogen zur **Bussalp.**

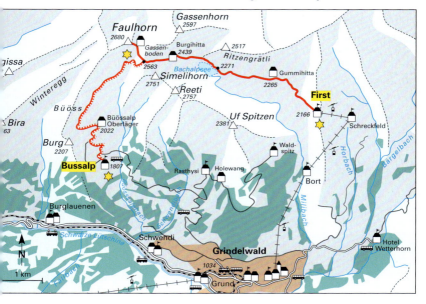

3h10 First–Gummihitta–Waldspitz–Räckholtertor–Bort

Vom sonnigen Firsthang aus geniesst man einen prachtvollen Ausblick auf den markanten Eiger und auf die bezaubernde Gletscherwelt an seiner Ostflanke. Die Wanderung von First nach Bort hinunter steht denn auch ganz im Zeichen eines Panoramas, das seinesgleichen sucht. Die Route ist mit violetten Wegweisern und mit violetten Stangen markiert.

Der «Sässeli-Lift», den die Boss-Buebe seinerzeit in einem Ländler-Klassiker besangen, ist zwar schon vor manchem Jahr durch eine Gondelbahn ersetzt worden, doch noch immer ist die Fahrt von Grindelwald auf die First eine kurzweilige Sache. Auch «Alles fährt Ski» gilt nicht mehr so absolut wie früher, denn in den Gondeln haben in den letzten Jahren auch im Winter vermehrt Wanderer Platz genommen.

Beim Aussteigen in der Bergstation **First** scheiden sich die Benutzerströme rasch. Während es die Bretterträger talwärts oder, mit dem Oberjoch-Express, noch weiter hinauf in die Höhe zieht, streben die Wanderer zügig an den Skipisten vorbei in die winterliche Stille nordwestlich des Berghauses. Von der **Gummihitta** gehts noch rund 20 min weiter westwärts, bis sich die Wege verzweigen: Geradeaus Richtung Bachalpsee–Faulhorn, links hinunter Richtung Bort.

Der Abstieg weist im ersten Teil einzelne ziemlich steile Passagen auf. Wer ihn auf einem Schlitten bewältigt, hat entsprechende Vorsicht und Zurückhaltung aufzubringen, um nicht sich selber und andere unnötig zu gefährden. Bei den sonnengegerbten Hütten im **Bachläger** lohnt sich ein Zwischenhalt. Der Ausblick auf die verschneiten Zacken von Wetter- und Schreckhorn ist ein reiner Genuss.

Mit wesentlich geringerem Gefälle setzt sich der Abstieg zum **Waldspitz** fort. Das gemütliche Restaurant ist an sonnigen Wintertagen ein Eldorado für Schlittler und Wanderer.

Der weitere Abstieg erfolgt mehrheitlich im Wald, auf *Nodhalten* auch wieder über verschneite Alpweiden. Beim **Räckholtertor** trennen sich Wanderer und Schlittler. Wer (sofern genügend Schnee liegt) bis Grindelwald hinunter fahren möchte, hält rechts und gelangt so direkt zur Chrisegg (Pkt.1520; siehe Route 5a). Wer zu Fuss unterwegs ist, behält dagegen die Höhe bei und gelangt durch lockeren Wald nach *Niederbaach* und von dort weiter zur Gondelbahn-Station **Bort.**

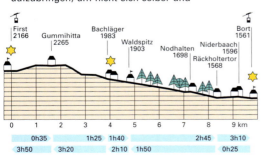

Nicht nur der Eiger, sondern auch das Wetterhorn (links) und das Schreckhorn prägen die Aussicht von Nodhalten aus.

Auskunft zur Begehbarkeit

Grindelwald Tourismus
☏ 033 854 12 12
www.grindelwald.com
Firstbahn AG
☏ 033 828 77 11
Automatischer
Wintersportbericht
☏ 033 828 77 28

Gasthäuser am Weg

Berghaus First
 3818 Grindelwald
☏ 033 853 12 84
Berggasthaus Waldspitz ⊨ ⊢
3818 Grindelwald
☏ 033 853 18 61 oder
☏ 079 439 42 32
Berghaus Bort ⊨ ⊢
3818 Grindelwald
☏ 033 853 17 62 oder
☏ 033 853 36 51

Hinweise zu Route 5a
Seite 83.

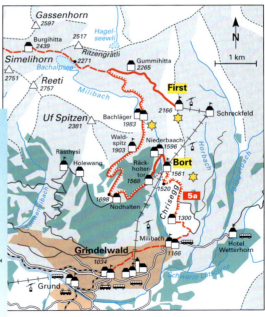

6 Höhenwanderung vor erhabener Bergkulisse

2h25 Bussalp–Holzmattenläger–Rasthysi–Räckholtertor–Bort

Höhenwanderung am Sonnenhang ob Grindelwald mit gelegentlichen bescheidenen Auf- und Abstiegen. Besonders eindrücklich ist der Blick auf die schroffen Wände und Gipfel von Schreckhorn und Wetterhorn. Die Route ist mit violetten Wegweisern und mit violetten Stangen markiert.

Noch vor Beginn der Tour stellt sich die Qual der Wahl: In welcher Richtung soll gewandert werden? Wer im Bort beginnt und gegen Westen zur Bussalp wandert, geniesst unterwegs den Weitblick talauswärts und auf das Skigebiet Männlichen auf der gegenüberliegenden Seite des Lütschinentals. Wer sich hingegen für die umgekehrte Richtung entscheidet, wird sich am Anblick der schroff gezackten Gipfelreihen von Schreckhorn und Wetterhorn erfreuen.

Als «erhaben» pflegte man eine derartige Bergkulisse im 19. Jh. zu bezeichnen, und dieser Begriff bedeutete nicht nur, dass sich solche Berge deutlich von ihrer Umgebung abhoben. Es schwang darin auch ein Anklang von Respekt, ja Furcht mit – eine eigenartige Mischung von Anziehung und Abstossung, denen sich die Menschen jener Zeit gegenüber dem Gebirge ausgesetzt fanden.

Vom Schlittel-Eldorado **Bussalp** wird auf dem Winterwanderweg, der parallel zur Strasse präpariert ist, zum **Holzmattenläger** abgestiegen. Dort zweigt die Wanderroute von der Strasse ab und folgt fortan dem Verlauf des «Höhenwegs 1600». Anfänglich durchwegs über

offenes Weideland, danach teilweise auch durch Waldgebiet, verläuft der Weg in leichtem Auf und Ab dem Hang entlang zum *Späten Boden*.

Mit herrlichem Ausblick auf die Gletscherwelt zwischen Eiger und Schreckhorn gehts über verschneites Weideland weiter zum **Rasthysi** hinunter. Der Name verheisst eine deutliche Einladung: Das gemütliche Hüttchen bietet Gelegenheit für eine Rast mit Speis und Trank. Nach einem kurzen Aufstieg wird im Gebiet *Bären* ein notorischer Lawinenzug gequert. Bei Lawinengefahr ist die Wanderroute im offenen Gelände auf einer Länge von rund 100 m gesperrt und führt stattdessen durch eine eigens für die Fussgänger angelegte Galerie.

Nun verläuft der Weg bis *Nodhalten* mehrheitlich im Wald. Kleinere und grössere Lücken im Baumbestand gewähren aber immer schöne Ausblicke auf die Gipfelparade an der gegenüberliegenden Talseite. Beim **Räckholtertor** hält man links und gelangt so praktisch ebenen Wegs in einem weiten Bogen über *Niederbaach* zum Zielpunkt **Bort**.

Auskunft zur Begehbarkeit
Grindelwald Tourismus
☎ 033 854 12 12, www.grindelwald.com
Firstbahn AG ☎ 033 828 77 11
Automatischer Wintersportbericht
☎ 033 828 77 28

Gasthäuser am Wege
Restaurant Bussalp, 3818 Grindelwald
☎ 033 853 37 51
Bergrestaurant Rasthysi, 3818 Grindelwald
☎ 078 789 34 21
Berghaus Bort ⋈ ⊢, 3818 Grindelwald
☎ 033 853 17 62 oder 033 853 36 51

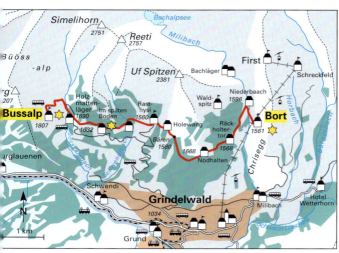

Auf stillen Wald- und Weidepfaden unterwegs auf dem Höhenweg Bussalp-Bort, im Hintergrund die markante Eigernordwand.

Ein atemberaubendes Dreigestirn zum Greifen nah

3h50 Männlichen–Bustiglen–Kleine Scheidegg–Wengernalp–Wengen

Mittelschwere Winterwanderung vor atemberaubender Bergkulisse. Im Winter verläuft das erste Teilstück Männlichen-Scheidegg nicht ebenen Wegs, sondern weist mehrere zum Teil recht steile Abstiegspartien sowie entsprechende Gegenanstiege auf. Das zweite Teilstück Scheidegg–Wengen eignet sich ohne weiteres auch für eine spritzige Schlittenabfahrt. Das Teilstück bis Kleine Scheidegg ist mit violetten Stangen markiert. Auf dem zweiten Teilstück verläuft die Route auf gelb markiertem Wanderweg, der ausserhalb des Siedlungsgebiets zusätzlich mit dem Schneemann-Symbol gekennzeichnet ist.

Von der Bergstation der Luftseilbahn Wengen-Männlichen und der Gondelbahn Grindelwald-Männlichen sind es nur 10 Minuten bis zum Gipfel des Männlichen. Der kurze Abstecher ist sehr zu empfehlen, bietet sich doch von der eher unscheinbaren Kuppe aus ein fantastischer Rundblick: Im Süden prangt das majestätische Dreigestirn von Eiger, Mönch und Jungfrau, im Osten breitet sich das Grindelwaldtal und im Westen das Lauterbrunnental aus, während im Norden der Blick von der Schynigen Platte über das Bödeli und den Thunersee schweift.
Wer den Höhenweg vom Männlichen auf die Kleine Scheidegg vom Sommer her als relativ anspruchslosen Spaziergang ohne nennenswertes Gefälle kennt, sollte sich bei dieser Route im Winter auf höhere Ansprüche gefasst machen. Von der Bergstation *Männlichen* gehts zunächst in zügigem Abstieg, später ebenen Wegs und dann wieder abwärts quer

durch das Skigebiet. Beim Queren der Pisten im *Gummi* ist Vorsicht und gegenseitige Rücksichtnahme geboten. Den Winterwanderern vermitteln die violetten Stangen, mit denen der Weg markiert ist, eine gute Orientierung. Der Blick auf Grindelwald und auf die wuchtige Eigernordwand entschädigt üppig für den Pistenrummel. Nach dem Passieren der Bergstation des Skilifts Tschuggen lassen die Wanderer den Pistenraum hinter sich und treten in einen ausgedehnten stillen Arvenwald. Im Gebiet *Bustiglen* führt die Winterwanderroute wieder zurück ins Reich der Skifahrer. Quer zu mehreren Pisten gehts in kurzem, aber kräftigem Anstieg hinauf zur *Kleinen Scheidegg.*
Nach Überquerung der Geleise von Wengernalpbahn und Jungfraubahn setzt sich die Route in sanftem Abstieg Richtung Lauterbrunnental fort. Während das erste Teilstück vom Männlichen zur Kleinen Scheidegg fürs Schlitteln nicht

Männlichen 2229		Gummi 2000		Bustiglen 1878		Kleine Scheidegg 2061		Wengernalp 1874		Allmend 1493		Wengen 1275	

| 0 | 1 | 2 | 3 | 4 | 5 | 6 | 7 | 8 | 9 | 10 | 11 | 12 | 13 km |

	0h40		1h15		2h		2h40		3h15		3h50	

| 5h15 | | 4h20 | | 3h35 | | 3h05 | | 2h10 | | 0h50 | |

geeignet ist, bietet sich die zweite Etappe nach Wengen hinunter für eine Abfahrt auf Kufen geradezu an (Raschentschlossene können noch auf der Kleinen Scheidegg Schlitten mieten). Auf der **Wengernalp** werden die Bahngeleise zunächst nordwärts, nach dem Bahnstationsgebäude gleich wieder Richtung Süden unterquert. Teils dem Waldrand entlang, teils durch das Waldgebiet gehts jetzt stets abfallend zur **Allmend**, wo die Bahnlinie erneut unterquert wird.

Das Alpsträsschen ist stellenweise recht schmal und wird von Schlittlern und Wanderern gleichermassen genutzt – was auf beiden Seiten entsprechende Rücksichtnahme bedingt. Alsbald werden die ersten Häuser des ausgedehnten Bergdorfs Wengen erreicht, und nach neuerlicher Unterquerung der Bahnlinie gelangt man zum Bahnhof **Wengen**, dem Ziel dieser ausgedehnten und landschaftlich überaus vielseitigen Wanderung.

Den Weg zwischen der Kleinen Scheidegg und Wengernalp säumt eine eindrückliche Gipfelparade. Auf dem Bild zu sehen sind der Eiger (links) und der Mönch.

Auskunft zur Begehbarkeit

Wengen Tourismus
☏ 033 855 14 14
www.wengen.ch
Luftseilbahn Wengen-Männlichen
☏ 033 855 29 33
Automatischer Wintersportbericht
☏ 033 855 44 33

Gasthäuser am Weg

Berggasthaus Männlichen
3818 Grindelwald
☏ 033 853 10 68
Hotel Bellevue des Alpes
Scheidegg Hotels ⋈ ⊢
3801 Kleine Scheidegg
☏ 033 855 12 12
Restaurant Bahnhof
Kleine Scheidegg/
Röstizzeria
3801 Kleine Scheidegg
☏ 033 828 78 28
Restaurant Eigernordwand
3801 Kleine Scheidegg
☏ 033 855 33 22
Rest. Grindelwaldblick ⊢
3801 Kleine Scheidegg
☏ 033 855 13 74
Hotel Jungfrau-
Wengernalp ⋈ ⊢
Wengernalp
3823 Wengen
☏ 033 855 16 22
Restaurant Allmend
3823 Wengen
☏ 033 855 58 00
Gasthäuser in Wengen:
Tourist Information
3823 Wengen
☏ 033 855 14 14
info@wengen.ch

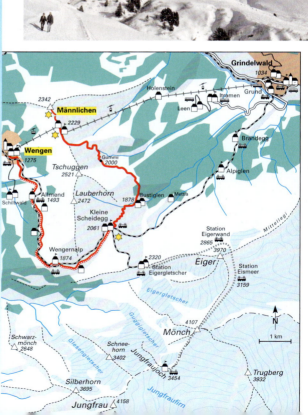

Der schönste Blick auf das Lauterbrunnental

2h15 Wengen–Ussri Allmi–Leiterhorn–Ledi–Wengen

Rundwanderung am Sonnenhang über dem Lauterbrunnental. Anders als sein Name vermuten lässt, ist das Leiterhorn kein markanter Berggipfel. Dennoch bietet es eine bezaubernde Rundsicht und ist daher ein höchst lohnendes Ausflugsziel. Die Route verläuft auf gelb markierten Wanderwegen und ist ausserhalb des Dorfes zusätzlich mit dem Schneemann-Symbol gekennzeichnet.

Vom Bahnhof **Wengen** spaziert man durch die belebte Dorfstrasse und steigt an deren Ende dem Hang entlang Richtung Ausserwengen. Nach einigen Kehren im Wald werden die Scheunen von Flüelenboden erreicht. Hier zweigt man rechts ab und gewinnt auf gepfadetem Strässchen zur **Ussri Allmi** durch winterlichen Wald weiter an Höhe. Zwischen den Bäumen bieten sich immer wieder Blicke auf die wuchtige Männlichenkette oberhalb des Dorfs Wengen sowie auf den Talgrund.
Beim Standort **Leiterhorn** angekommen, mag man sich über die Ortsbezeichnung wundern. Von einer zackigen Bergspitze ist weiterhin nichts zu sehen. Als einer der wohl schönsten Aussichtspunkte des ganzen Lauterbrunnentals bietet dieser Ort dennoch einen Rund-

blick, der noch manches Bergpanorama in den Schatten stellt. Das gesamte Tal liegt einem in grosszügiger Weite zu Füssen, im Süden umkränzt von den ans Wallis angrenzenden Hochalpengipfeln des Breithorns und des Mittaghorns.

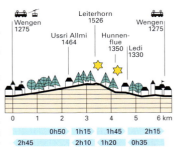

			0h50	1h15	1h45		2h15
2h45			2h10	1h20		0h35	

Über den Skihängen von Wengen und der Wengernalp glänzt in winterlicher Pracht das Jungfraumassiv mit den beiden zuckergussartig überzogenen Silberhörnern. Auf der gegenüberliegenden Talseite thront über der Grütschalp das Bietenhorn. Auch nordseits winkt ein erstaunlicher Ausblick. Nach wenigen Schritten durch den Wald erreicht man den eigentlichen Aussichtspunkt Leiterhorn, der die Sicht auf die Bödeliregion und die Schynige Platte ermöglicht. Auf recht steilem, gepfadetem Weg gehts nun dem Wald entlang abwärts Richtung *Hunnenflue*. Auch hier bietet eine kleine Aussichtsplattform einen eindrücklichen Blick Richtung Norden sowie ausserdem einen schauerlichen Tiefblick fast senkrecht ins Tal der Weissen Lütschine hinunter. Bei der Abzweigung in der *Ledi* wählt man den Weg rechts, der dem Wald entlang in sanftem Abstieg zurück zum Ausgangspunkt Bahnhof *Wengen* führt.

Die sonnengebräunte Scheune beim Leiterhorn dürfte schon manchem Winterwanderer während der Teepause den Rücken gewärmt haben; am rechten Bildrand der Talboden von Lauterbrunnen, links darüber die Jungfrau.

Auskunft zur Begehbarkeit

Wengen Tourismus ✆ 033 855 14 14
www.wengen.ch
Automatischer Wintersportbericht
✆ 033 855 44 33

Gasthäuser am Weg

Gasthäuser in Wengen
Tourist Information, 3823 Wengen
✆ 033 855 14 14, info@wengen.ch

Hinweise zu Route 8a **Seite 83.**

2h10 Lauterbrunnen–Bir Buechen–Stägmatta– Lengwald–Stechelberg

Im Winter zeigt sich die Sonne im tief eingeschnittenen Lauterbrunnen-tal nur kurz. Wenig mehr als eine Stunde scheint sie um den kürzesten Tag des Jahres. Insgesamt dürfte die Sonnenscheindauer hier aber doch deutlich länger sein als im Flachland: Nebel tritt im Tal der Weissen Lütschine kaum auf. Die vorliegende Winterwanderung lässt sich so planen, dass die knappen Sonnenstrahlen optimal genutzt werden können. Wird die Wanderung im Dezember oder Januar in Angriff genommen, so sollte nicht vor elf und nicht nach zwölf Uhr gestartet werden. Die Route verläuft auf gelb markiertem Wanderweg.

Vom Bahnhof *Lauterbrunnen* geht es zunächst der Dorfstrasse entlang zum Hotel Schützen. Dort zweigt ein steiles Fussweglein links ab, das zur Lütschine hinunterführt. Auf der Lütschinen-Promenade führt die Route unterhalb der Kirche hindurch und weiter taleinwärts. Im Kirchhof ist eine Glocke aus dem 15. Jahrhundert zu sehen. Eine zweite, noch einige Jahre ältere Glocke birgt das Talmuseum unterhalb der Kirche. Der Sage nach wurde sie den Lötschentalern auf der anderen Seite der Gebirgskette geraubt. Göttliche Gerechtigkeit liess den Passübergang, über den die Lauterbrunner die Glocke transportiert hatten, vergletschern.

Einen imposanten Anblick bietet die rund 400 m hohe, senkrechte Staubbachfluh. Der Staubbach ist im Winter nur ein dünnes Rinnsal, das sogleich zu einem kaum sichtbaren Hauch zerstiebt. Dennoch führt das stete Fliessen in sehr kalten Nächten zu bezaubernden, gewal-

tig grossen Eiszapfen-Formationen. Unter der Einwirkung der Sonne stürzen diese tagsüber mit eindrücklichem Donnern in die Tiefe. Grosshorn, Breithorn und Mittaghorn bilden im Talhintergrund eine majestätische Kulisse.

Der Weg führt noch eine Weile der Lütschine entlang und steigt dann sanft zu

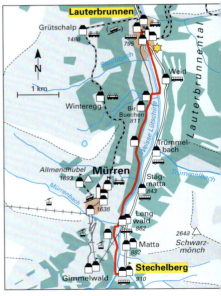

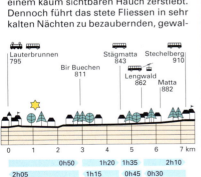

Schauplatz der Talwanderung ist der von Gletschern tief eingeschnittene Kessel des Lauterbrunnentals. Im Vordergrund das Dorf Lauterbrunnen; das Ziel Stechelberg liegt an der Sonne im Talhintergrund.

Auskunft zur Begehbarkeit
Lauterbrunnen Tourismus ✆ 033 856 85 68
www.lauterbrunnen.ch

Gasthäuser am Weg
Gasthäuser in Lauterbrunnen:
Tourist Information, 3822 Lauterbrunnen
✆ 033 856 85 68
info@lauterbrunnen.ch
Hotel Stechelberg ⊨ ⊢, 3824 Stechelberg
✆ 033 855 29 21

einem verkehrsarmen Strässchen hinauf. Auf diesem geht es immer südlich und geradeaus weiter, vorbei an der Abzweigung *«Bir Buechen»,* zur *Stägmatta.*
Hier geht die Route erneut in einen Fussweg über, der durch lichten Auenwald entlang der Lütschine an den Häusern von *Lengwald* und *Matta* vorüber zum Zielpunkt *Stechelberg* führt.

Auf Du und Du
mit den Eis- und Felsriesen

1h30 Grütschalp–Im mittleren Prast–Winteregg–Mürren

Der Höhenweg Grütschalp–Mürren bietet eine unvergleichliche Aussicht auf das Lauterbrunnental und den Gipfelkranz, mit dem das Tal umgeben ist. Mit ihrer geringen Steigung stellt diese Route einen der Parade-Winterwanderwege des Berner Oberlands dar. Die Route verläuft auf gelb markiertem Wanderweg.

Bei der Bahnstation *Grütschalp* gehts zunächst in leichtem Anstieg durch Wald, danach praktisch ebenen Wegs über die verschneiten Weiden der Bletschenalp. Einzigartig ist der Kontrast zwischen dem Tiefblick in das scharf U-förmig ausgeschnittene Lauterbrunnental und dem weiten Panorama der Gipfel, die das Tal abschliessen. Wuchtig erhebt sich aus dem Talgrund der Schwarzmönch, dahinter steht die von den beiden Silberhörnern majestätisch geschmückte Jungfrau. Im Osten von ihr liegen Eiger und Mönch zum Greifen nahe, im Westen setzt sich der Gipfelkranz mit Äbeni Flue, Mittaghorn, Grosshorn und Breithorn fort. Auf der gegenüberliegenden Talseite liegt der Wintersportort Wengen und darüber die Männlichenkette. Wengen ist weltbekannt geworden durch die Skiabfahrtspiste vom Lauberhorn ins Dorf herunter, die von hier aus praktisch in voller Länge eingesehen werden kann.

Nach der Alphütte *Im mittleren Prast* biegt der Weg rechts ab und führt zum Staubbachgraben. Von den Wassermassen, die im Sommer üppig über die Mür-

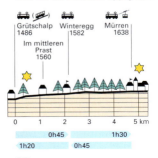

Auskunft zur Begehbarkeit
Mürren Tourismus ✆ 033 856 86 86
www.muerren.ch
Bergbahn Lauterbrunnen–Mürren
✆ 033 828 74 41
Automatischer Wintersportbericht
✆ 033 856 86 88

Gasthäuser am Weg
Restaurant Winteregg, Winteregg
3825 Mürren ✆ 033 855 18 93
Gasthäuser in Mürren:
Tourist Information, 3825 Mürren
✆ 033 856 86 86, info@muerren.ch

**Ziegenstall im mittleren Prast;
rechts das Bietenhorn.**

renflue zu Tal stürzen und die seinerzeit Goethe zu seinem Gedicht «Gesang der Geister über den Wassern» inspirierten, ist im Winter, wenn überhaupt, nur ein dürftiges Rinnsal zu erahnen. Durch dunklen und schattigen Wald gehts weiter zur *Winteregg.* Die Route verbleibt auch hier auf der westlichen Seite der Bahnlinie.

An der Talstation der Sesselbahn, welche Skifahrer und Snowboarder auf den Maulerhubel bringt (der Flurname geht zurück auf den Schaumwein, mit dem dort in früheren Zeiten wohlhabende Wintersportler auf der Piste anstiessen) gehts rechts vorbei und dann links unterhalb der Skipiste weiter wieder dem Waldrand entgegen. Oft direkt der Bahnlinie entlang, dann wieder etwas davon entfernt, führt der Weg weiter durch lockeren Bergwald, der immer wieder auch die Sicht auf die prachtvolle Bergwelt freigibt. Bald schon erreicht man das Bergdorf *Mürren,* dessen Ortsbild einerseits von wuchtigen Hotelbauten, andererseits von schmucken Holzhäusern geprägt ist.

0h50   Allmendhubel–Sonnenberg–Geissställe– Mürren

Der Allmendhubel gilt als Geburtsstätte der Skidisziplinen Abfahrt und Slalom. Bevor sich spleenige Engländer im frühen 20. Jahrhundert hier jedoch auf Skipisten tummelten, vergnügten sie sich mit rasanten Schlittelabfahrten nach Mürren hinunter. Spuren des einstigen Bob-Runs bestehen noch heute. Der Abstieg vom Allmendhubel nach Mürren ist denn auch nach wie vor eine beliebte Schlittelstrecke, stellt aber gleichzeitig eine reizvolle Winterwanderung auf getrennter Route dar. Die Winterwanderroute verläuft auf gelb markiertem Wanderweg; im Pistenraum ist sie durch pinkfarbige Stangen ausgeschieden.

Wie andere Berner Oberländer Bergdörfer war auch Mürren in den Anfängen des alpinen Massentourismus eine reine Sommerdestination. Zu Beginn des 20. Jahrhunderts wurden jedoch seitens einiger initiativer Hoteliers Bestrebungen eingeleitet, um den Gästen auch im Winter interessante Freizeitangebote zu ermöglichen.

Bei den damaligen Mürrner Stammgästen, Angehörigen der britischen höheren Gesellschaft, entwickelte sich daraus rasch ein eigentlicher Winterboom. Um die Nachfrage zu decken, wurde 1912 die Standseilbahn auf den Allmendhubel und gleichzeitig ein Bobsleigh-Run als Schlittelabfahrts-Piste vom Allmendhubel hinunter nach Mürren gebaut. Später begannen die Kühnsten unter den britischen Gästen Mürrens mit Skis zu experimentieren, warfen den bisher bekannten nordischen Skilauf (heute bekannt als Langlauf) über den Haufen und erfanden völlig neue Disziplinen, die unter den

Bezeichnungen Abfahrt und Slalom noch heute praktiziert werden. Die Weltwirtschaftskrise der dreissiger Jahre und der Zweite Weltkrieg führten jedoch zu einem Zusammenbruch der Nachfrage und liessen Mürren in touristischer Hinsicht in einen Dornröschenschlaf fallen. Neue Impulse verlieh dem Bergdorf erst wieder der Bau der Schilthornbahn in den sechziger Jahren.

Von der Standseilbahn-Bergstation **Allmendhubel** führt der Winterwanderweg an der Terrasse des Restaurants vorbei zum Waldrand auf der Südseite des Pistengeländes. Wanderer und Schlittler teilen sich hier das nur geringfügig geneigte Trassee. In weitem Bogen und sanftem Abstieg führt der Weg ins Blumental hinunter und zum Restaurant *Sonnenberg*. Hier verzweigen sich Winterwanderweg und Schlittelabfahrt. Die Wanderer gelangen auf mehr oder weniger gerader Route und in zusehends steiler werdendem Abstieg zum Standort

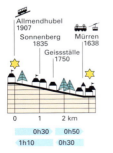

Allmendhubel
1907

Sonnenberg   Mürren
1835   1638

Geissställe
1750

0	1	2 km

0h30	0h50
1h10	0h30

Auskunft zur Begehbarkeit
Mürren Tourismus ✆ 033 856 86 86
www.muerren.ch
Seilbahn Mürren-Allmendhubel ✆ 033 855 20 42
Automatischer Wintersportbericht ✆ 033 856 86 88

Gasthäuser am Weg
Restaurant Allmendhubel 3825 Mürren ✆ 033 855 25
Berghaus Sonnenberg ⋈, 3825 Mürren ✆ 033 855 11
Gasthäuser in Mürren:
Tourist Information, 3825 Mürren
✆ 033 856 86 86, info@muerren.ch

Hinweise zu Route 11a **Seite 84.**

Geissställe. Dort wählt man den links abzweigenden Panoramaweg, der ohne nennenswertes Gefälle in weitem Bogen dem Hang oberhalb des Dorfs entlang führt. Eindrücklich ist der Blick auf die Jungfrau, der sich von hier aus bietet.

Nach Unterquerung des Trassees der Allmendhubel-Bahn verläuft der Weg dem Waldrand entlang weiter und senkt sich dann gegen die ersten Häuser und die Bahnstation von **Mürren** hinunter.

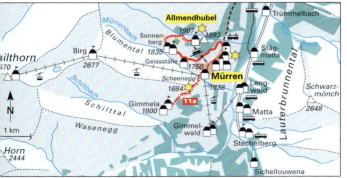

Winterliche Farbsinfonie im Blumental: sonnengebräunte Hütten, dunkle Wälder, gleissende Schneefelder und ein tiefblauer Himmel. Blick zur Jungfrau und zum Tschuggen (links).

Thunersee–Frutigland: Routen 12–20

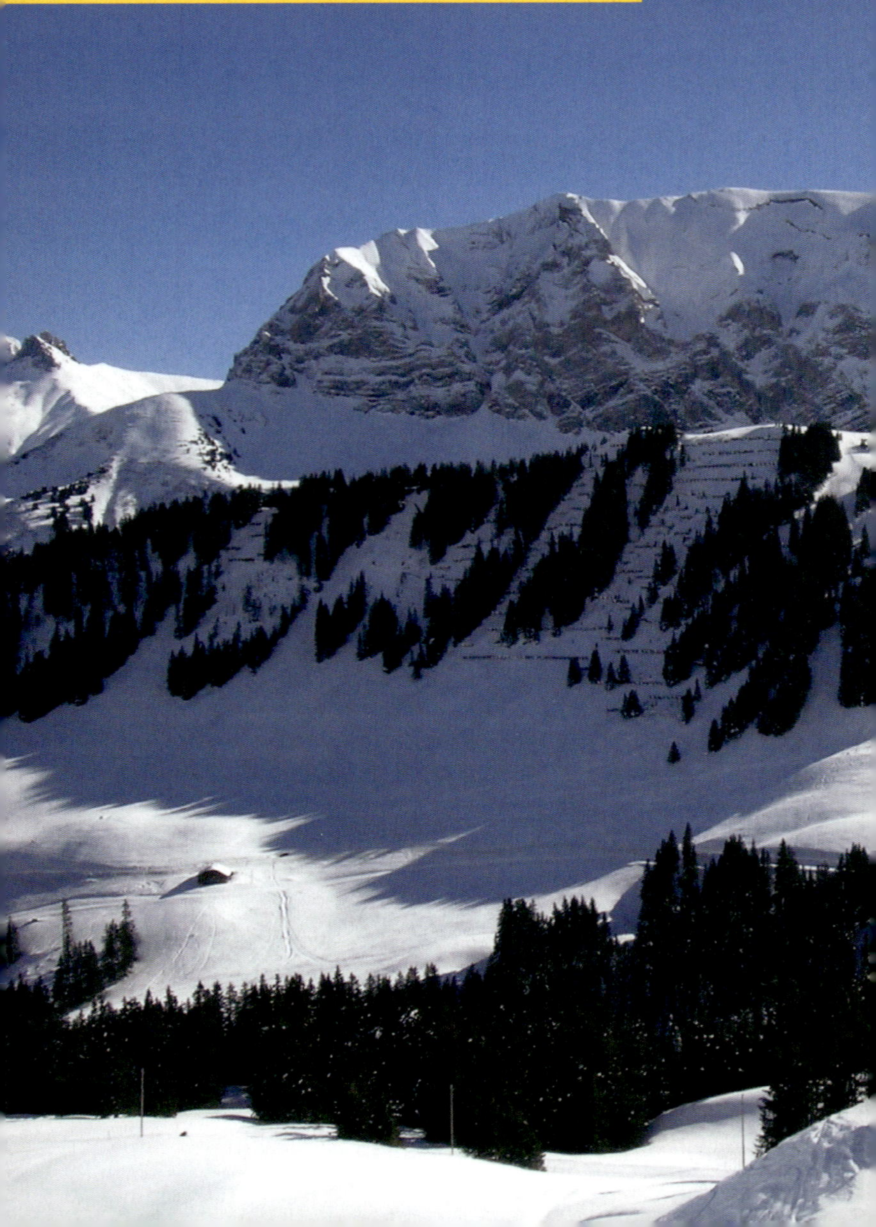

Unkompliziertes Wandervergnügen vor grandioser Bergkulisse: Das versprechen die Regionen Beatenberg, Kandersteg und Adelboden. Perfekt gepfadete und problemlos begehbare Winterwanderwege führen durch bezaubernde Winterlandschaften und bieten freie Sicht auf wild gezackte Bergketten. Bild: Der Wildstrubel vom aussichtsreichen Weg nach Sillerenbühl aus gesehen.

3h15 Niederhorn–Oberburgfeld–Unterburgfeld– Chüematte–Beatenberg/Waldegg

Einer der schönsten Aussichtspunkte im Berner Oberland ist zweifellos das Niederhorn. Die Rundsicht schweift von den Hochalpen-Gipfeln bis hin zum Jura. Wer den in weitem Bogen zur Waldegg hinunter angelegten Winterwanderweg beschreitet, hat stets wieder wechselnde Ausschnitte dieses Panoramas vor Augen. Die Wanderung bietet neben längeren horizontalen Abschnitten auch einige steilere Abwärts-Passagen, so dass sie bevorzugt mit einem Schlitten unternommen wird. Die Route ist mit grünen Tafeln und Stangen markiert.

Vom traditionsreichen Tourismusort Beatenberg fährt eine Gondelbahn auf das **Niederhorn.** Der Gipfel liegt nur ein paar Schritte oberhalb der Bergstation. Von hier aus eröffnet sich eine überwältigende Rundsicht: Im Osten die Kette des Brienzer Rothorns, daneben der Berner Hochalpen mit dem stolzen Dreigestirn Eiger, Mönch und Jungfrau, anschliessend die unzähligen Gipfel von Kander-, Engstligen- und Simmental, im weiteren ein herrlicher Tiefblick auf die Agglomeration Thun und dahinter auf die Bundeshauptstadt sowie, am nordwestlichen Horizont, auf die Jura-Kette mit dem Chasseral als markantestem Bezugspunkt. Im Norden liegt einem das Justistal zu Füssen, das auf der anderen Seite von der Sigriswiler Rothorn-Kette begrenzt wird.

Vom Niederhorn aus verläuft die Route unterhalb des Güggisgrats vorerst geradeaus, anschliessend in zuweilen recht steilem Abstieg vorerst nach **Oberburgfeld.** Der Weg ist breit angelegt, mit Pis-

tenfahrzeugen präpariert und bietet auf diese Weise sowohl Schlittlern als auch Wanderern genügend Raum. Durch offenes Gelände geht es weiter abwärts nach **Unterburgfeld.** Hier geht die Route in einen horizontalen Waldweg über, der durch lockere Föhren- und Fichtenbestände führt. Immer wieder bieten sich auf diesem überaus reizvollen Abschnitt Ausblicke auf die Bergwelt der Jungfrau-Region.

Von **Chüematte** an gehts wieder durch offenes Gelände abwärts. Der Weg führt oberhalb des Skilifts Hohwald und ostseits der Pisten über die **Waldeggallmi** zügig ins Siedlungsgebiet von **Beatenberg/Waldegg** und zur Postautostation als Zielpunkt hinunter.

Auskunft zur Begehbarkeit
Beatenberg Tourismus
☏ 033 841 18 18
info@beatenberg.ch
Thunersee-Beatenberg-
Niederhorn Bahnen
☏ 033 841 08 41
Automatischer
Wintersportbericht
☏ 033 841 14 20

Gasthäuser am Weg
Berghaus Niederhorn ⊠ ⊢
3803 Beatenberg
☏ 033 841 11 10
Chüematte-Beizli
(bei schönem Wetter
an Sonntagen offen)
Gasthäuser
in Beatenberg/Waldegg:
Beatenberg Tourismus
3803 Beatenberg
☏ 033 841 18 18
info@beatenberg.ch

Hinweise zu Route 12a **Seite 84**

Der Thunersee und die langgezogene Höhenkette des Sigriswiler Rothorns sind die Glanzpunkte der kontrastreichen Aussicht vom Niederhorn.

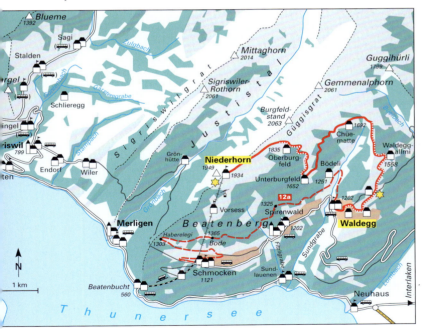

2h45 Beatenberg/Waldegg–Büelbach–Bort–Habkern

Schlittler, Skifahrer und Langläufer sorgen für lebhaften Betrieb im Wintersportgebiet Beatenberg/Waldegg. In reizvollem Kontrast dazu steht das stille Habkerntal. Die angenehme Höhenwanderung verbindet beide Gegensätze und vermittelt bezaubernde Naturerlebnisse. Die Route verläuft auf gelb markiertem Wanderweg; auf dem Gebiet von Habkern ist sie mit pinkfarbigen Wegweisern markiert.

Von der Postautohaltestelle **Beatenberg/Waldegg** aus zunächst auf der Strasse Richtung Habkern aufsteigen, nach 100 m von dieser abzweigen und dem Waldrand entlang weiter hinauf gegen *Amisbüel.* Die Route ist zwischendurch mit Täfelchen aus Naturholz markiert. In leichtem Anstieg gehts nun an sonnenverbrannten Chalets und Scheunen vorbei dem Hang entlang. Weiter oben ziehen Snowboarder und Skifahrer ihre Schwünge, und unzählige Familien vergnügen sich bei rassigen Schlittenfahrten. Wundervoll ist die Bergkulisse, die vom harmonischen Ensemble von Eiger, Mönch und Jungfrau dominiert wird.

Der präparierte Winterwanderweg führt der Loipe entlang in den Wald; bei **Pkt. 1408** zweigt er rechts ab und setzt sich in angenehmem Abstieg fort. Zwischendurch erlauben Lücken im Baumbestand abenteuerliche Tiefblicke ins Lombachtal. Im Gebiet *Holzflüe* löst Weideland das Waldgebiet ab. Der Blick schweift frei über das nun merklich andere Panorama. Ostseits ist die steile, bewaldete Rückseite des Harders zu sehen. Dieser Bergrücken ist der westliche Abschluss der Augstmatthornkette. Deren markanteste Akzente sind die Suggiture und das Augstmatthorn. Ihre schneebedeckten Nordhänge gleissen im Licht der Wintersonne verführerisch – eine unwiderstehliche Verlockung für unzählige Tourenskifahrer. Nördlich wird das Panorama von dem aus dieser Perspektive ungewohnt zahm wirkenden Hohgant abgeschlossen.

Beim Büelbach, der hier die Grenze zwischen den Gemeinden Beatenberg und Habkern bildet, schwenkt der Weg gegen Südosten um und führt auf einem Strässchen zum Standort **Büelbach.** Die Streusiedlung Habkern mit dem Kirchlein als optischem Anziehungspunkt rückt jetzt ins Blickfeld. Ein stiller Friede liegt über der winterlich-ländlichen Szenerie.

Auf einem Strässchen gehts nach **Bort** hinunter, von dort dann dem Hang entlang praktisch ebenen Wegs weiter ins Dorfzentrum von Habkern. Einen kurzen Besuch der reizenden Kirche sollte man sich nicht nehmen lassen. Die schmucke

| Beatenberg Waldegg 1202 | | Pkt.1408 | | Holzflüe 1310 | Büelbach 1252 | | Bort 1070 | | Habkern 1068 |
| Amisbüel 1339 | | | | | | | | | |

| 0 | 1 | 2 | 3 | 4 | 5 | 6 | 7 | 8 km |

| | 1h | | 1h40 | | 2h10 | | 2h45 |
| 2h45 | | 2h | | 1h10 | 0h35 | | |

Orgel stammt aus der Biedermeierzeit, sechs Wappenscheiben datieren vom 17. Jh. Bis zum Zielpunkt der Wanderung, der Postautohaltestelle **Habkern/Post,** sind es nur noch wenige Schritte.

Neben einigen stattlichen Bau_____ sern imponiert im Dorf besond___ 1793 erbaute, mit Schnitzereien reich ver____ zierte Gasthof Bären.

Blick vom Sonnenhang oberhalb Habkern auf Hardergrat und Augstmatthorn (im Hintergrund).

Auskunft zur Begehbarkeit
Beatenberg Tourismus
✆ 033 841 18 18
info@beatenberg.ch
Automatischer Wintersportbericht
✆ 033 841 14 20

Gasthäuser am Weg
Gasthäuser in Beatenberg/ Waldegg:
Beatenberg Tourismus
3803 Beatenberg
✆ 033 841 18 18
info@beatenberg.ch
Gasthäuser in Habkern:
Tourismusbüro
3804 Habkern
✆ 033 843 13 01
Hinweise zu Route 13a
Seite 85.

1h15 Kandersteg/Oeschinen–Läger–Oeschinensee–Oeschinen

Der Oeschinensee, im Sommer ein liebliches blaues Juwel in einer blühenden Landschaft, gefriert im Winter zu einer eisigen Wüste. Das Blüemisalp-Massiv und seine Ausläufer halten die meisten Strahlen der tief stehenden Wintersonne vom Talkessel ab. Das Begehen der weiten gefrorenen Ebene stellt ein geradezu arktisches Erlebnis dar. Nur einige Eisfischer und Langläufer setzen einen Kontrast zur grandiosen Stille und Einsamkeit dieses Kältepols. Die Route ist mit pinkfarbigen Wegweisern markiert.

Die Sesselbahn Kandersteg–Oeschinensee gilt zu Recht als nostalgisch: Die einzelnen Sessel hängen quer zur Fahrtrichtung am Seil und ermöglichen den Fahrgästen ein ans Kino gemahnendes Landschaftserlebnis: Wie in einem Film zieht die Bergwelt langsam vorbei, das Bild wird von keinerlei Masten oder Stationsgebäuden beeinträchtigt.

Die Bergstation *Oeschinen* liegt auf einer Sonnenterrasse hoch über dem Kandertal und seinen eng eingeschnittenen Seitentälern. Der Winterwanderweg Richtung Oeschinensee führt ohne nennenswerte Höhenunterschiede zunächst durch das Skigebiet und quert dabei Pisten und Skilifttrassees. Das Gelände ist übersichtlich und wenig steil; dennoch ist beim Kreuzen Aufmerksamkeit und Vorsicht geboten.

Nachdem man den zweiten Skilift passiert hat, gelangt man über verschneite und locker mit Bäumen bestandene Weiden zur Alphüttensiedlung *Läger.* Bereits ist zwischen den Bäumen die

weite Eisfläche des gefrorenen *Oeschinensees* auszumachen. In weiten Kehren senkt sich der Weg nun Richtung See. Im Hochwinter sorgen die hohen Gipfel der Blüemisalp im Osten sowie von Fründenhorn und Doldenhorn im Süden dafür, dass kaum ein Sonnenstrahl in den Talkessel gelangt.

Der Oeschinensee ist deshalb so etwas wie ein Stück Arktis im Berner Oberland. Eine mächtige Eisschicht überzieht die Seeoberfläche. Eine genügend lange vorgängige Kälteperiode vorausgesetzt, kann sie in der Regel problemlos betreten werden. Langläufer ziehen ihre Spuren über den See, und Eisfischer senken ihre Angel durch Löcher, die sie ins Eis gebohrt haben, ins eisige Wasser. Von der Häusergruppe am westlichen Ende des Sees führt ein 10-minütiger Abstecher dem Nordufer entlang zu einem besonderen winterlichen Naturschauspiel: Auch bei frostigen Temperaturen stürzt dort ein Bächlein über die Felswand herab. Am Boden gefriert das Wasser au-

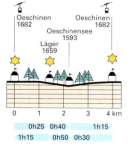

Oeschinen 1682
Oeschinen 1682
Oeschinensee 1593
Läger 1659

| 0 | 1 | 2 | 3 | 4 km |

| 0h25 | 0h40 | | 1h15 |
| 1h15 | | 0h50 | 0h30 |

Auskunft zur Begehbarkeit

Kandersteg Tourismus ✆ 033 675 80 80, www.kandersteg.ch
Sesselbahn Kandersteg-Oeschinen AG ✆ 033 675 11 18
Automatischer Wintersportbericht ✆ 033 675 80 82

Gasthäuser am Weg

Berghaus Bergstation Oeschinen, 3718 Kandersteg ✆ 033 675 11 66
Berghaus zur Sennhütte ⋈ ⊢⋯, Läger, Oeschinensee, 3718 Kandersteg
✆ 033 675 16 42
Berghaus am Oeschinensee ⋈ ⊢⋯, 3718 Kandersteg ✆ 033 675 11 66
Berghotel Oeschinensee ⋈ ⊢⋯, 3718 Kandersteg ✆ 033 675 11 19

Hinweise zu Route 14a **Seite 85.**

genblicklich und formt auf diese Weise einen Eisturm, der im Laufe des Winters etliche Meter hoch werden kann.

Der Rückweg zum Standort Oeschinensee erfolgt entweder auf gleicher Route oder quer über den gefrorenen See. Von dort aus gelangt man in leichtem Anstieg durch einen Tannenwald zurück ins Ski-

gebiet Oeschinensee und zur Bergstation *Oeschinen* der Sesselbahn. Die Rückkehr ins Tal erfolgt entweder wieder mit der Sesselbahn oder mittels einer rasanten Abfahrt auf der Schlittelpiste. (Kurzentschlossene können im Sportgeschäft gegenüber der Bergstation der Sesselbahn einen Schlitten mieten.)

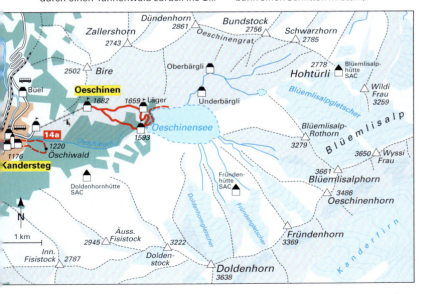

15 Auf zur Höh, dem «diskreten» Aussichtspunkt

2h Kandersteg–Stauwehr–Höh–Bütschels–Kandersteg

Die Höh ob Kandersteg ist auch bei Einheimischen als Zwischenziel einer Rundwanderung oder eines Spaziergangs beliebt. Als unscheinbarer Aussichtspunkt bietet sie einen überraschenden Ausblick auf das Dorf. Die Route ist mit pinkfarbigen Wegweisern markiert.

Die Bahnlinie der Lötschberg-Strecke wurde seinerzeit so angelegt, dass sie das Dorf Kandersteg nicht entzweischnitt. Sie schmiegt sich ganz an die westliche Talseite. Der grösste Teil der besiedelten Fläche liegt auf ihrer Ostseite. Im Westen davon, oberhalb des Bahnhofareals, befindet sich das Gebiet Uf der Höh, das mit seinen tief eingeschnittenen Erosionshängen vom Dorf aus einen unwirtlichen, ja geradezu abweisenden Eindruck macht. Das Bild täuscht jedoch, denn die Höh lädt zu einer attraktiven Rundwanderung ein.

Vom Bahnhof **Kandersteg** nordwärts Richtung **Stauwehr** halten. Reizvoll ist der Uferweg entlang der dampfenden Kander, deren Ufergehölz an kalten Wintertagen mit glitzernden Rauhreif-Kristallen überzuckert ist.

Nach Unterquerung der Lötschberg-Bahnlinie beim Stauwehr gehts zunächst auf einem Teersträsschen, dann davon abzweigend auf einem Waldweg hangaufwärts. Die kargen Strahlen der Wintersonne, die in Kandersteg aufgrund der hoch aufragenden umstehenden Berge besonders geschätzt werden, vermögen den dichten Wald während des Aufstiegs oft nur kurze Zeit zu durchdringen.

Der eigentliche Standort Uf der Höh ist im Winter nicht zugänglich. Beim Begehen des gepfadeten Winterwanderwegs hält man sich an die pinkfarbigen Tafeln, die einen zum Standort **Höh** führen. Von dort lohnt sich der kurze Abstecher zur *Risetenegg* – kein Aussichtspunkt im klassischen Sinne, da das Blickfeld auf beiden Seiten vom dichten Nadelwald eingeschränkt wird. Gegen Osten und Süden hin bietet sich dafür eine umso reizvollere Sicht auf Kandersteg und die umliegenden Gipfel.

Durch Waldgebiet und dem Waldrand entlang gehts auf stillen Waldwegen hinunter zu den Häusern von **Bütschels.** Dort schwenkt man links um in Richtung Bahnlinie und folgt dieser bis zum Bahnhof **Kandersteg,** den man durch die verlängerte Perronunterführung erreicht.

Auskunft zur Begehbarkeit
Kandersteg Tourismus
☏ 033 675 80 80
www.kandersteg.ch
Automatischer Wintersportbericht
☏ 033 675 80 82

Gasthäuser am Weg
Gasthäuser in Kandersteg:
Kandersteg Tourismus
3718 Kandersteg
☏ 033 675 80 80
info@kandersteg.ch

Hinweise zu Route 15a
Seite 85.

Kandersteg 1176	Höh Risetenegg 1290	Kandersteg 1176
Stauwehr 1167		Bütschels 1179

0	1	2	3	4	5	6 km

0h25	1h05		1h45	2h
2h	1h35	1h10		0h15

48

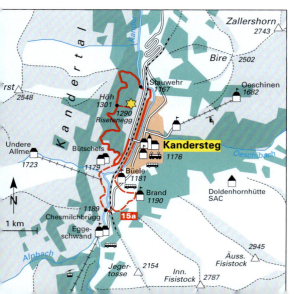

Besonders beliebt unter den gepfadeten Winterwanderwegen rund um Kandersteg ist der Weg der Kander entlang zum Stauwehr. Die grossartige Bergkulisse bildet einen eindrücklichen Kontrast zum weiten Talboden. Blick taleinwärts zu Doldenhorn (Mitte) und Fisistock (rechts).

16 ⬥ Auf verschneiten Säumerwegen ins Badevergnügen

3h20 Kandersteg/Sunnbüel–Schwarenbach–Daubensee–Gemmipass

Als einziger der bekannten grossen Alpenübergänge der Schweiz ist der Gemmi-Pass auch im Winter begehbar. Der Übergang vom Kandertal ins Wallis ermöglicht es auch Wandernden, die hochalpine Bergwelt hautnah zu erleben. Das Ziel Leukerbad ist der grösste Thermalbadeort der Alpen. Wer nach Schnee und Kälte einen Kontrast im warmen Wasser sucht, sollte daher auch das Badekleid in den Rucksack packen. Die Route ist mit pinkfarbigen Wegweisern und orangefarbigen Stangen markiert.

Von **Kandersteg**/Eggeschwand fährt die Luftseilbahn Kandersteg–Sunnbüel zum Ausgangspunkt des Gemmiwegs. Die Talstation liegt ausserhalb des Dorfs. Sie kann vom Bahnhof aus entweder mit dem Bus oder zu Fuss über Bütschels-Chesmilchbrügg (siehe Route 15a) erreicht werden.

Von der Bergstation **Sunnbüel** führt der gepfadete Winterwanderweg ebenen Wegs in südlicher Richtung. Das hochalpine Panorama nimmt einen rasch gefangen. Die Ostseite beherrscht das mächtige Altels-Massiv, gegen Süden hin, schon auf Walliser Boden, ragt die Rinderhorngruppe stolz empor. Der eindrückliche Gebirgszug hält allerdings auch die Sonne bis in den späten Vormittag fern. Es empfiehlt sich daher, die Gemmi-Tour nicht zu früh am Morgen in Angriff zu nehmen (und übrigens auch nicht zu früh im Jahresverlauf; ideal ist der März).

Über die weite Ebene der **Spittelmatte** nähert sich der Wanderweg dem Arvenwald und damit der Grenze zwischen den

Zum Abschluss der Winterwanderung locken Badefreuden in Leukerbad. In diesem grössten Thermalkur- und Wellness-Ort der Alpen versprechen verschiedene Bäder wohltuende Entspannung nach ausgiebiger Wanderung (Bild: Burgerbad).

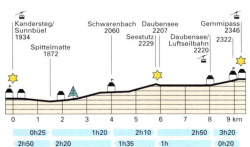

Kandersteg/ Sunnbüel 1934		Schwarenbach 2060	Daubensee 2207		Gemmipass 2346					
			Seestutz 2229	Daubensee/ Luftseilbahn 2220	Daubensee/ Luftseilbahn 2322					
Spittelmatte 1872										

0	1	2	3	4	5	6	7	8	9 km

0h25		1h20		2h10		2h50	3h20
2h50	2h20			1h35		1h	0h20

Kantonen Bern und Wallis. In mässigem Anstieg gehts nun hinauf nach **Schwarenbach.** Das gleichnamige Berghotel ist auch im Winter geöffnet. Eine nostalgische Tafel am Gebäude erinnert daran, wie die Begüterten in der Pionierzeit des Tourismus die Alpenpässe überquerten: Sitzend – in Sänften, auf Tragstühlen oder mit einachsigen Pferdegespannen. Moderne Reisende gelangen da auf wesentlich natürlichere Weise über die Berge... Einen etwas anderen Ausdruck unserer heutigen Zivilisation setzen dagegen die Hochspannungsleitungen, die sich quer durch das Gemmi-Gebiet ziehen; sie zeugen davon, dass heute nicht mehr nur Personen, sondern vor allem auch Güter und eben beispielsweise auch Elektrizität die Alpen queren.

Dem steilen Hang unter dem Felser entlang gehts weiter hinauf zum **Seestutz.** Der im Winter unter einer dicken Eis- und Schneedecke liegende *Daubensee* ist von hier aus in seiner vollen Länge einsehbar. Der präparierte Winterwanderweg verläuft teilweise der Uferlinie entlang, teilweise aber auch quer über die Seefläche bis zur Talstation der **Daubensee-Luftseilbahn.** Der letzte kurze, aber doch etwas nahrhafte Aufstieg zur Passhöhe lässt sich nach Belieben mit der Seilbahn abkürzen. Am Ziel, dem **Gemmipass,** erwartet einen eine grandiose Aussicht: Eine ganze Perlenkette von majestätischen Gipfeln der Walliser Hochalpen schmückt den Horizont, darunter natürlich auch der bekannteste Walliser Berg, das Matterhorn. In der Tiefe liegt Leukerbad, dahinter das Rhonetal. Der Abstieg ins Tal erfolgt im Winter zwangsläufig mit der Seilbahn. Sie bringt die Wanderer zügig in die grösste Thermalkur- und Wellness-Station der Alpen. Aus mehreren Thermalquellen strömen hier täglich gegen 4 Mio. Liter Wasser mit einer Temperatur von 51° C. hervor. Aufgrund seiner mindestens 40-jährigen Reise durch das alpine Gestein ist dieses Wasser reich an Kalzium, Schwefel und Eisen. Nicht nur Kurgäste und Rehabilitationspatienten wissen seine positive Wirkung zu schätzen – auch bei ermüdeten Passwanderern vermag es seine belebenden Kräfte zu entfalten.

Auskunft zur Begehbarkeit
Kandersteg Tourismus
☏ 033 675 80 80, www.kandersteg.ch
Luftseilbahn Kandersteg–Sunnbüel (Gemmi) AG ☏ 033 675 81 41
Automatischer Wintersportbericht
☏ 033 675 80 82

Gasthäuser am Weg
Restaurant Sunnbüel, am Gemmipass
3718 Kandersteg ☏ 033 675 13 34
Berghotel Schwarenbach ⌂ ⌂
am Gemmipass, 3718 Kandersteg
☏ 033 675 12 72
Berghotel Wildstrubel ⌂ ⌂
Gemmi Passhöhe, 3954 Leukerbad
☏ 027 470 12 01

1h25 Adelboden/Oey–Boden–Bir Brügge–Roufmatta–Unter dem Birg

Talwanderung entlang der Engstlige. Dem Bachlauf entlang gehts in leichtem Anstieg zur Talstation der Luftseilbahn Birg–Engstligenalp. Vom Rummel, der in der Wintersportregion Adelboden herrscht, ist hier auch in der Hochsaison kaum etwas zu spüren. Die Route verläuft auf gelb markiertem, mit dem Schneemann-Symbol zusätzlich gekennzeichnetem Wanderweg.

Bei der Busstation **Oey** einige Schritte der Strasse folgen, die von der Kantonsstrasse abzweigt, danach links halten und bei der Alten Säge rechts auf den Uferweg entlang der Engstlige einschwenken, und schon lässt man Verkehr und Betriebsamkeit hinter sich und kann sich ganz der Ruhe und Beschaulichkeit dieser prächtigen Talwanderung hingeben. Wer die Route während der kürzesten Wintertage begeht, sollte dafür die Mittagszeit wählen, um in den Genuss der kargen Wintersonne zu kommen. Die kurze Sonnenscheindauer im Hochwinter hat immerhin auch den Vorteil, dass der Schnee lange liegen bleibt. Verschneite Tannen und mit einer dichten Schneeschicht überzogene Weiden und Wiesen prägen deshalb das Landschaftsbild – das ist der Winter in seiner schönsten Form.

Auf breitem, gut präpariertem Weg gehts der jungen Enstlige entlang. Der Bach ist im Hochwinter stellenweise von Eis und Schnee förmlich zugedeckt, während er an anderen Stellen offen und fröhlich vor sich hin sprudelt. Der Weg verläuft grösstenteils eben; zwischendurch sind einige geringfügige Steigungen zu bewältigen. **Bir Müli,** im Gebiet **Boden,** wird die Strasse unterquert (Abzweigungsmöglichkeit nach Boden–Fuhren–Adelboden, 1h30). Über **Bir Brügge** verläuft der Uferweg weiterhin auf der westlichen Seite der Engstlige. Erst im Gebiet **Roufmatta** wird der Bach auf einem hübschen Holzbrücklein überquert. Der Weg verläuft während knapp 200 m auf einem wenig befahrenen Strässchen und führt danach direkt in den Wald, wo er vom Bachlauf etwas weiter entfernt leicht ansteigt. Schliesslich gehts der Langlaufloipe entlang aufwärts nach **Unter dem Birg.**

Der Rückweg erfolgt entweder zu Fuss auf gleicher Route oder mit dem Bus, der vor der Luftseilbahn-Station hält. Eine attraktive Ergänzung dieser Talwanderung ist ein Ausflug mit der Seilbahn auf die Engstligenalp, der sich ideal mit einer Begehung des Winter-Rundwegs Engstligenalp kombinieren lässt (Route 17a).

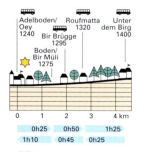

Auskunft zur Begehbarkeit
Adelboden Tourismus
☏ 033 673 80 80, www.adelboden.ch
Automatischer Wintersportbericht
☏ 033 673 80 97

Gasthäuser am Weg
Gasthäuser in Adelboden:
Tourist Center, 3715 Adelboden
☏ 033 673 80 80, www.adelboden.ch
Gasthof Steinbock ⊠, Unter dem Birg
3715 Adelboden ☏ 033 673 16 26
Restaurant Bergbach
Unter dem Birg, 3715 Adelboden
☏ 033 673 32 00

Hinweise zu Route 17a **Seite 85.**

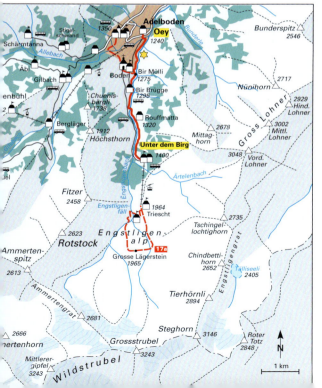

Im Gegensatz zum Rummel in den Wintersportgebieten rund um Adelboden herrschen auf dem Talweg längs der Engstlige Ruhe und Beschaulichkeit. Ausschliesslich dem Fussverkehr vorbehalten ist dieses schmucke Holzbrücklein über den Engstligenbach bei Roufmatta.

18 Durch das Gilsbachtal zur Aussichtswarte Sillerenbühl

3h30 Adelboden–Rehärti–Bergläger–Geils–Sillerenbühl

Ausgedehnte Wanderung vom Zentrum Adelbodens aus dem Gilsbach entlang nach Geils und weiter hinauf zum Aussichtspunkt und Skisportzentrum Sillerenbühl. Stille Waldpartien wechseln mit Abschnitten durch belebtes Pistengebiet. Die Route verläuft auf gelb markierten, mit dem Schneemann-Symbol gekennzeichneten Wanderwegen; ab Geils ist sie zusätzlich mit pinkfarbigen Stangen gekennzeichnet.

Gleich hinter der Bushaltestelle **Adelboden/Mineralquelle** liegt der Betrieb, in dem das einzige noch auf dem Markt verbliebene Berner Oberländer Mineralwasser in Flaschen abgefüllt und für den Transport in die ganze Schweiz verpackt wird. Ein Strässchen führt zur Steinigi Brügg, bei der auf die andere Seite des Allebachs gewechselt wird. Auf der linken Seite des Waldsträsschens ist ein Pfad für die Wanderer gespurt, während die rechte Seite den Skifahrern vorbehalten ist, die hier vor allem nachmittags ins Dorf zurückfahren.

Im Gebiet *Rehärti* wird erneut auf die nördliche Seite des Bachs gewechselt, nach 250 m aber gleich wieder zurück Richtung Skiabfahrt geschwenkt. Bei der Talstation der Sesselbahn Rehärti links halten. Der Skipiste entlang gehts kurz steil aufwärts, danach über den Gilsbach und nunmehr ausserhalb des Pistengebiets nur noch leicht ansteigend dem Bachlauf entlang. Später mündet der Pfad in die Eselmoosgasse Richtung **Gilbach** (nach Gilbach/Bushaltestelle 10 min). Richtung Bergläger hält man in die Gegenrichtung und schwenkt scharf links ab, verlässt das Strässchen nach 50 m aber bereits wieder durch einen Rechtsschwenk. Auf dem gepfadeten Wanderweg wird das Trassee der Gondelbahn unterquert, danach gehts durch einsamen und stillen Wald zum **Bergläger.** Hier herrscht reger Wintersportbetrieb, und in der Hochsaison ziehen einem die Bratwurst-Düfte des Freiluft-Grills beim Pistenrestaurant schon von weitem in die Nase. An der Gondelbahn-Station links vorbei gehts am Rande der (flachen und daher nur mässig schnell befahrenen) Skipiste und Schlittelabfahrt weiter dem Gilsbach entlang in die Höhe. Nach 800 m gelangt man links über das Engibrücklein. Der Weg steigt zuweilen recht stark an, verläuft dann aber auch wieder praktisch eben.

Ein weiterer Kreuzungs- und Begegnungspunkt des Wintersportbetriebs ist **Geilsbüel.** Als Wanderer hält man sich nach der Überquerung der Brücke über den Gilsbach rechts, schwenkt um das Gebäude der Lavey-Bahn und gelangt so auf die Fortsetzung der Route.

Adelboden/ Mineralquelle 1275	Bergläger 1486	Geilsbüel 1707	Sillerenbühl 1972
Rehärti Gilbach 1324 1400			

0   1   2   3   4   5   6   7   8 km

	0h50	1h25		2h20		3h30
2h40		2h	1h30		0h50	

54

**Das Skiparadies Sillerenbühl biete?
Winterwanderern vielfältige Mögli?
Blick Richtung Wildstrubel.**

Der Winterwanderweg von Geilsbüel nach Sillerenbühl verläuft teilweise auf einer anderen Route als der Bergwanderweg im Sommer. Er ist zwischen den verschiedenen Skipisten geschickt angelegt und mit pinkfarbigen Stangen gut markiert. Der Aufstieg quer durch das Skigebiet ist teilweise ordentlich steil. Dafür bieten sich dem Auge wunderschöne Ausblicke auf die Bergwelt südlich des Hahnenmoos-Gebiets: Regenboldshorn, Ammertenspitz und Rotstock. Unvergleichlich ist die Sicht aber erst recht beim Zielpunkt *Sillerenbühl,* wo einem das Dorf Adelboden und das ganze Engstligental förmlich zu Füssen liegen. Abstieg entweder zu Fuss auf gleicher Route zurück oder, bequemer, mit der Gondelbahn.

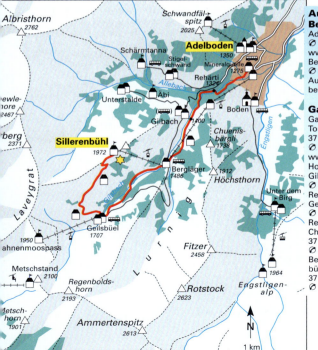

**Auskunft zur
Begehbarkeit**
Adelboden Tourismus
☎ 033 673 80 80
www.adelboden.ch
Bergbahnen Adelboden AG
☎ 033 673 35 00
Automatischer Wintersportbericht ☎ 033 673 80 97

Gasthäuser am Weg
Gasthäuser in Adelboden:
Tourist Center
3715 Adelboden
☎ 033 673 80 80
www.adelboden.ch
Hotel Des Alpes ⋈ ⊢⊣
Gilbach, 3715 Adelboden
☎ 033 673 12 24
Restaurant Geilsbrüggli
Geils, 3715 Adelboden
☎ 033 673 21 71
Restaurant Schneebar
Chummi, Geils
3715 Adelboden
☎ 079 489 90 17
Bergrestaurant Silleren-
bühl, Sillerenbühl
3715 Adelboden
☎ 033 673 38 40

Sehr hübsch, vor allem oberer Teil

19 ▶ Aufstieg zu einem grandiosen Aussichtspunkt

2h50 Adelboden–Stigelschwand–Schärmtanna–
Blachti–Tschentenalp

**Ein Ausflug auf die Tschentenalp lohnt sich nicht nur für Skifahrer, die
das kleine Skigebiet abseits der ausgedehnten Pistenarena Adelboden–
Lenk schätzen. Der Aussichtsbalkon am nordwestlichen Dorfrand von
Adelboden ist auch für Wanderer ein reizvolles Ausflugsziel. Das erste
Teilstück bis Schärmtanna wird entweder zu Fuss auf dem Strässchen
oder mit dem Skibus zurückgelegt. Die Route verläuft auf gelb markierten Wanderwegen und ist im Aufstieg ab Schärmtanna zusätzlich mit
pinkfarbig gekennzeichneten Stangen bestückt.**

Von der Bus-Endstation *Adelboden* aus
über die belebte Dorfstrasse das Dorf
westwärts queren und auf dem Strässchen Richtung *Stigelschwand* halten.
Die Strasse dient zwar nicht dem Durch-
gangsverkehr, gelegentlich vorbeifah-
rende Autos müssen aber dennoch in
Kauf genommen werden. Wer das vermeiden möchte, kann auch den Bus nach
Stigelschwand–Schärmtanna benützen.
Im Gebiet *Schärmtanna* wird vor der
Brücke, die über den Stigelbach führt,
rechts auf einen schmalen Pfad abgezweigt, der zügig in die Höhe führt. Nach
ausgiebigen Schneefällen kann es einige
Tage dauern, bis der Weg endgültig frei-
gelegt und präpariert ist. Der Pfad ist mit
Holzstangen mit pinkfarbigen Streifen
gut markiert. Er führt zunächst durch
Wald, später über offenes Gelände. Mit
zunehmender Höhe weitet sich die Sicht
auf die winterliche Adelbodner Bergwelt.
Markanter Bezugspunkt im Westen ist
das Berghaus Sillerenbühl im Skigebiet
Silleren–Hahnenmoos. Richtung Süden

beeindruckt das mächtige Wildstrubel-
Massiv, das auf der linken Seite in den
Hochtal-Kessel der Engstligenalp übergeht. In mehreren weiten Bogen im Gebiet *Blachti* wird weiter an Höhe gewon-
nen, bis die Route schliesslich in einen
breiten Höhenweg übergeht, auf dem
nach wenigen hundert Metern das
Bergrestaurant *Tschentenalp* und die
gleich daneben liegende Bergstation der
Tschentenbahn erreicht werden.
Ein herrliches Panorama bietet sich vom
Schwandfälspitz aus, der wenige Dutzend Meter oberhalb der Bergstation
liegt (Vorsicht ist beim steilen Abstieg
zurück zur Bergstation geboten). Von hier
aus geniesst man eine umfassende
Rundsicht auf den hochalpinen Gipfelkranz im Süden, auf das Gsür im Norden,
das seine Fortsetzung in der Niesenkette
findet, und auf die Voralpengipfel am
Thunersee. Fern am Horizont ist sogar
der Pilatus auszumachen. Der Weg zurück ins Tal erfolgt entweder zu Fuss auf
gleicher Route oder mit der Gondelbahn.

Auskunft zur Begehbarkeit
Adelboden Tourismus
✆ 033 673 80 80, www.adelboden.ch
Tschentenbahnen AG ✆ 033 673 11 06
Automatischer Wintersportbericht
✆ 033 673 80 97

Gasthäuser am Weg
Gasthäuser in Adelboden:
Tourist Center, 3715 Adelboden
✆ 033 673 80 80, www.adelboden.ch
Hotel Schermtanne ✉, Schärmtanna
3715 Adelboden ✆ 033 673 10 51
Bergrestaurant Tschentenalp, Tschentenalp
3715 Adelboden ✆ 033 673 16 53

Hinweise zu Route 19a **Seite 85.**

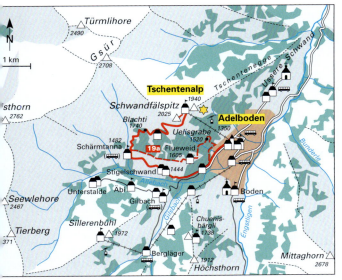

Blick von
Stigelschwand
zur gegenüber-
liegenden Tal-
seite mit den
markanten
Felszähnen des
Tschingelloch-
tighorns und
dem Steghorn
(rechts) ober-
halb des
Hochtals der
Engstligenalp.

2h10 Adelboden–Höreli–Taubenfels–Adelboden

Beim Höreli ob Adelboden handelt es sich nicht etwa um einen markanten Berggipfel (ein «Horn»), sondern um einen Aussichtspunkt an einer Geländerippe. Aussichtsreich ist aber nicht nur der Blick vom Höreli auf das Engstligental, sondern auch der schöne gespurte Weg, der vom Dorf zum Sonnenhang hinauf führt. Die Route verläuft auf gelb markierten Wanderwegen, die zusätzlich mit dem Schneemann-Symbol gekennzeichnet sind.

Von der Busendstation im Dorfzentrum von **Adelboden** links Richtung Nordosten halten und der Strasse bis zum *Schmittegrabe* folgen. Dort zweigt der gepfadete Winterwanderweg Richtung Höreli ab. Auf den Wegweisern ist das Ziel mit dem Vermerk «Unterer Hörnliweg» angegeben.

Über verschneite Weiden und an heimeligen Berggehöften vorbei zieht sich der Weg in mässigem Anstieg der Flanke des Hangs entlang talauswärts. Grandios ist die Sicht auf die gegenüberliegende Talseite, die vom wuchtigen Massiv von Gross Lohner und Chlyne Lohner gekrönt wird. Zwischen den beiden Gipfelgruppen liegt der wie mit einem scharfen Messer ausgeschnittene halbmondförmige Passübergang der Bunderchrinde, der im Sommer eine beliebte Bergwanderweg-Verbindung nach Kandersteg darstellt.

Beim **Höreli** wendet der Weg zurück und führt als «Oberer Hörnliweg» praktisch ebenaus dem Hang entlang. Mehrere sonnig gelegene Ruhebänke laden zum

Verweilen und zum ausgiebigen Genuss der herrlichen Landschaftsszenerie ein. Der Blick schweift vom Frutigland auf der linken Seite bis zur Hochebene der Engstligenalp und dem rechts davon liegenden Wildstrubelmassiv.

Nach den letzten Scheunen, die von der Bergsonne schwarzbraun gebrannt sind, verlässt man das offene Weideland und betritt auf breitem, ebenem Wanderweg Waldgebiet, das zuweilen recht abschüssig ist. Für Adelboden hat dieser Wald eine wichtige Schutzfunktion und heisst daher nicht von ungefähr Bawald (Bannwald): Der Hang von der Tschentenegge zum Dorf hinunter ist steil und von mehreren Lawinenzügen durchschnitten (was übrigens auch der Grund dafür ist, weshalb der «Obere Hörnliweg» bisweilen noch wegen Lawinengefahr gesperrt bleibt, wenn die anderen Winterwanderwege in der Region bereits wieder geöffnet sind).

Der Aussichtspunkt **Taubenfels (Pkt. 1536)** gewährt einen schönen Ausblick auf Adelboden und auf das Weltcup-Skigebiet Chuenisbärgli. Bis *Uelisgrabe* gehts leicht abfallend durch den Wald weiter, danach auf einem Forststrässchen in angenehmem Abstieg zum oberen Dorfrand und auf einem Strässchen weiter ins Dorfzentrum von **Adelboden.**

Auf dem aussichtsreichen Weg vom Höreli zum Taubenfels.

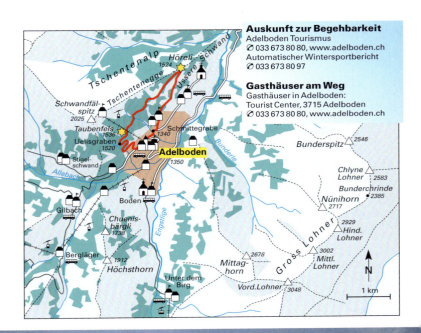

Auskunft zur Begehbarkeit
Adelboden Tourismus
☎ 033 673 80 80, www.adelboden.ch
Automatischer Wintersportbericht
☎ 033 673 80 97

Gasthäuser am Weg
Gasthäuser in Adelboden:
Tourist Center, 3715 Adelboden
☎ 033 673 80 80, www.adelboden.ch

Tschentenalp

Höreli
1524

Ussere Schwand

Schwandfäl-
spitz
2025

Tschentenegge

Taubenfels
1536

Schnittegrabe
1340

Uelisgraben
1520

Adelboden
1350

Bundspitz 2546

Bunderle

Chlyne
Lohner
2583

Stigel-
schwand

Allebach

Bunderchrinde
2385

Nünihorn
2717

Boden

Gilbach

Chuenis-
bärgli
1738

Engstlige

2929
Hind.
Lohner

Gross Lohner

3002
Mittl.
Lohner

Berglager

1912
Höchsthorn

Mittag-
horn
2678

N

Unter dem
Birg

Vord.Lohner
3048

1 km

Verschneite Auenwälder entlang winterlicher Flüsschen, reizvolle Dörfchen mit vielen traditionellen Holzbauten und darüber die wuchtigen Gipfel des Diablerets-Massivs, von Wildstrubel und Spillgerte: Die Winterwanderwege in den Regionen Gstaad/Saanenland, Lenk–Zweisimmen und Diemtigtal bieten eine Fülle von kontrastreichen Eindrücken. Sie liegen vielfach im Übergangsgebiet zwischen Hügel- und Bergland, gewähren dadurch oft fantastische Weitblicke und sind dennoch für jedermann begehbar.
Bild: Blick von der Höhi Wispile Richtung Spitzhorn.

1h15 Grimmialp–Senggi–Schwenden–Kurheim–Grimmialp

Leichter, landschaftlich reizvoller Rundweg im Dorf Schwenden im hinteren Teil des Diemtigtals. Die Route weist nur mässige Höhendifferenzen auf. Mit ihren Rätsel-Stationen ist sie auch für Kinder interessant. Die Route ist mit pinkfarbigen Wegweisern markiert.

Das Diemtigtal liegt zwar verkehrsgünstig, wird aber, gerade im Winter, von den durch das Simmental strebenden Skibegeisterten oft buchstäblich links liegen gelassen. Zu Unrecht – das stille Seitental, das bei Oey ins Simmental mündet, hat viele Reize zu bieten. Auch Winterwanderer kommen hier auf ihre Kosten, beispielsweise auf dem Rundweg Grimmialp-Schwenden.

Der präparierte Winterwanderweg ist gleichzeitig als «Rätsel-Weg» ausgestaltet. An 11 Stationen können sich jüngere und ältere Wanderer denksportlichen Aufgaben widmen. Wer Lust hat, besorgt sich bei der Talstation des Skilifts einen Rätsel-Talon; unter den abgegebenen korrekt ausgefüllten Blättern werden regelmässig Preise verlost.

Der Rundweg beginnt bei der Skilift-Talstation auf der *Grimmialp* und führt zunächst kurz taleinwärts. Beim *Blauseeli* wird der Senggibach gequert, und an der Langlaufloipe vorüber gehts talauswärts nach *Senggi*. Heimelige Holzhäuser und verschneite Weiden säumen den Weg. Ein kurzes Stück führt die Route dem Waldrand entlang, senkt sich dann nach *Buechi* und führt schliesslich auf einem

Strässchen durch das Dorf *Schwenden* und dort an die Hauptstrasse. Dieser folgt man anschliessend in leichtem Anstieg auf einer Strecke von rund 100 m Länge, doch gleich danach gehts auf gepfadetem Fussweg links hangwärts hinauf zur Kapelle und von dort weiter zum *Kurheim*. Zurück über *Egg* zum Ausgangspunkt *Grimmialp* sind es nur noch wenige Schritte.

Das Zimmermanns-Handwerk wird im Diemtigtal auch heute in hohen Ehren gehalten.

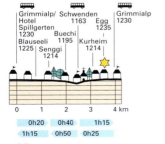

Grimmialp/	Schwenden	Grimmialp
Hotel	1163 Egg	1230
Spillgerten	1235	
1230	Buechi	
Blauseeli	1195 Kurheim	
1225	Senggi 1214	1214
	1214	

| 0 | 1 | 2 | 3 | 4 km |

0h20	0h40	1h15
1h15	0h50	0h25

Auskunft zur Begehbarkeit
Diemtigtal Tourismus ☎ 033 681 26 06, www.diemtigtal.ch
Automatischer Wintersportbericht ☎ 033 684 12 85

Gasthäuser am Weg
Hotel Spillgerten ⊠, Grimmialp, 3757 Schwenden im Diemtig
☎ 033 684 12 84
Tea Room Eggli, Grimmialp, 3757 Schwenden im Diemtigtal
☎ 033 684 12 34

Hinweise zu den Routen 21a–c **Seite 85/86.**

Blick auf den hinteren Teil des Diemtigtals.

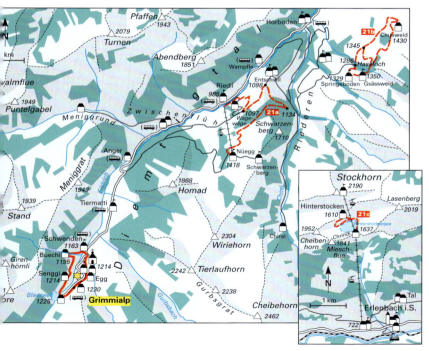

22 Der Sparemoos-Rundweg – eine Wintersinfonie

2h Sparemoos–Hüsliberg–
Nüjeberg/Uf em Hubel–Sparemoos

Das Sparemoos ist ein beliebtes Langlaufgebiet oberhalb Zweisimmen. An dessen Rand steht Wanderern ein präparierter Rundweg zur Verfügung, der seinesgleichen sucht. Majestätisch ist der Blick über das weite Saanenland, der sich dem Auge bietet. Nicht minder reizvoll sind indes die verschneiten Weiden und die stillen, lichten Wälder. Krönender Abschluss ist eine Schlittenabfahrt nach Zweisimmen hinunter. Die Route ist mit gelben Wegweisern markiert.

Wenn ein Komponist die Aufgabe erhielte, diese Wanderung zu vertonen, so würde er seine «Filmmusik» wohl recht dramatisch einsetzen lassen: Mit Paukenschlägen und Fanfarenstössen würde die Szenerie aufgerollt, auf der sich sodann das bevorstehende Landschaftsdrama abspielte – ein allerdings überaus heiteres und beglückendes Drama.

Der mit einem Pistenfahrzeug präparierte Rundweg beginnt bei der Bus-Endstation beim **Hotel Sparenmoos.** In leichtem Anstieg gehts in südwestlicher Richtung dem Hang entlang. Schlag auf Schlag breitet sich zusehends ein wundervolles Panorama aus. Mit jedem Schritt weitet sich der Ausblick auf die ausgedehnte Gemeinde Saanen und auf die Berggipfel im Winterkleid, welche die weite Ebene umgeben.

Bei der herrschaftlichen Alphütte **Vordere Hüsliberg** schwenkt der Weg Richtung Norden um. Hier gilt es sich zu entscheiden: Wer den klassischen Rundweg beschreiten will, wählt bei der Abzweigung die linke Route (sie ist mit hellgel-

ben Wegweisern als «Grosser Rundweg» markiert); wer sich mit der kürzeren Variante begnügt, wählt den Weg rechts (und gelangt so in rund 40 min direkt zum Hotel Sparenmoos zurück).

Mit dem Wandel der Blickrichtung ändert sich auch der Charakter der Wanderung. Jetzt hat man den wuchtigen Hundsrügg vor Augen und einen zwar nur geringfügig, aber doch auch schwerfällig steigenden Weg unter den Füssen. Um beim musikalischen Vergleich zu bleiben: Ein gravitätisches Adagio mit einem schleppenden Generalbass wäre wohl das treffende Bild. Doch erneut ändert sich die Szenerie komplett im Gebiet **Nüjeberg/Uf em Hubel.** Der Weg schwenkt hier scharf nach Osten um, und dem Auge bietet sich jählings ein geradezu schwelgerischer Genuss: Ausgedehnte verschneite Weiden und Hochmoorflächen bilden mit vielen kleinen Wäldchen und einzelnen mächtigen Tannen ein harmonisches Ensemble. Sanfte Geigenklänge wären die passende Untermalung dieser ergreifenden Landschaftsbühne.

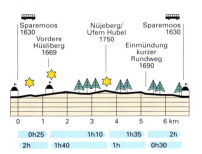

Sparemoos 1630		Nüjeberg/ Ufem Hubel 1750	Sparemoos 1630
Vordere Hüsliberg 1669			Einmündung kurzer Rundweg 1690

0	1	2	3	4	5	6 km

0h25		1h10	1h35	2h
2h	1h40		1h	0h30

Auskunft zur Begehbarkeit
Tourismusbüro Zweisimmen
☏ 033 722 11 33, www.zweisimmen.ch
Automatischer Wintersportbericht
☏ 033 722 25 45

Gasthäuser am Weg
Hotel Sparenmoos ⋈ ⊨, Sparemoos
3770 Zweisimmen ☏ 033 722 22 34
Restaurant Hüsliberg-Beizli, Hüsliberg
3770 Zweisimmen ☏ 033 722 14 56

Hinweise zu Route 22a **Seite 86.**

Die Rückkehr erfolgt teilweise auf dem gleichen Wegtrassee wie der Hinweg. Man halte sich weiterhin an die hellgelben Wegweiser-Tafeln und findet auf diese Weise ohne Schwierigkeiten die Abzweigung nach links von der bisher begangenen Route. Eine kurze Strecke gehts steil abwärts, bis sich der Weg mit dem oben erwähnten, von Vordere Hüsliberg herkommenden Abschnitt des kurzen Rundwegs vereinigt und nordwärts zum Wald weiterführt. Ebenen Wegs dem Waldrand entlang, später dann in sanften Kurven auf dem Alpsträsschen absteigend, gehts zurück zum Ausgangspunkt, dem *Hotel Sparenmoos.*

Die Vielfalt der weichen, von einem prächtigen Bergpanorama umgrenzten Winterlandschaften am Sparemoos und auf dem Jaunpass ist beeindruckend. Auf dem Sparemoos-Rundweg bietet sich den Winterwanderern eine bezaubernde Rundsicht dar.

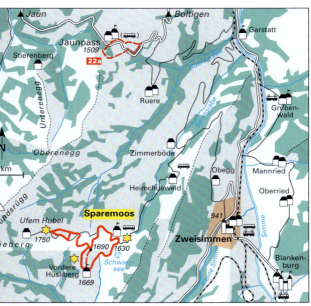

4h25 Zweisimmen–St. Stephan–Matten–Boden–Lenk

Abwechslungsreiche Wanderung im Talboden entlang der Simme. Eindrücklich ist der wuchtige Abschluss des weiten Tals durch das stolze Widstrubel-Massiv. Prächtige Holzhäuser zeugen von alter Zimmermannskunst. Die Route lässt sich dank guter Bahnerschliessung auch abschnittweise begehen. Sie verläuft auf gelb markierten Wanderwegen, die zusätzlich mit dem Schneemann-Symbol gekennzeichnet sind.

Der Ausgangspunkt der Wanderung liegt auf der Ostseite des Bahnhofs *Zweisimmen.* Zunächst gehts parallel zu den Bahngeleisen an die Kantonsstrasse, danach während 200 m dieser entlang und schliesslich rechts durch die Bahnüberführung auf ein Fahrsträsschen, das verschiedene Gehöfte erschliesst und allmählich in einen Uferweg der Simme entlang übergeht. An kalten und trockenen Tagen wabern dichte Dampfschwaden über dem Wasserspiegel und überziehen das Ufergehölz mit einem bezaubernden Schleier aus Rauhreif.

An der gedeckten Holzbrücke im *Rupperied,* die zum Weiler Blankenburg hinüberführt, geht es vorbei und in den *Schlegelholz-Wald* hinein. Wenn wenig Schnee liegt, hat man die Möglichkeit, hier auf dem Wanderweg weiter geradeaus zu gehen und dem Hang entlang nach St. Stephan zu gelangen. Gepfadet ist diese Route allerdings nicht. Der präparierte Winterwanderweg führt vielmehr auf dem Forststrässchen an die Simme zurück und verläuft dann stets dem Wasser entlang über *Stöckli* nach

St. Stephan. Das Obersimmental ist geprägt von zahlreichen prachtvollen alten Holzhäusern, die von einstiger Zimmermannskunst zeugen. Daher lohnen sich kurze Abstecher besonders zu den Dorfteilen *Grodey* und Matten.

Auch die romanische Kirche von St. Stephan im Dorfteil *Ried* ist einen Besuch

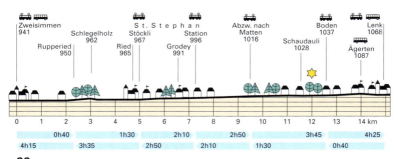

| Zweisimmen 941 | Rupperied 950 | Schlegelholz 962 | Ried 965 | St. Stephan Stöckli 967 | Station 996 | Grodey 991 | Abzw. nach Matten 1016 | Schaudauli 1028 | Boden 1037 | Ägerten 1087 | Lenk 1068 |

| 0 | 1 | 2 | 3 | 4 | 5 | 6 | 7 | 8 | 9 | 10 | 11 | 12 | 13 | 14 km |

| 0h40 | 1h30 | 2h10 | 2h50 | 3h45 | 4h25 |

| 4h15 | 3h35 | 2h50 | 2h10 | 1h30 | 0h40 |

wert. Das Kirchenschiff stammt vermutlich aus dem 12. Jh.; ungewöhnlich sind die skurrilen Fabelfiguren, die im 15. Jh. in die Friese der Chordecke geschnitzt wurden. Wenige hundert Meter nach Passieren der Sportbahnen St. Stephan überquert die Winterwanderroute die Simme und führt danach zwischen Flusslauf und Bahngeleise bis zur Bahnstation **St. Stephan.** Anschliessend wechselt sie erneut auf das linke Simme-Ufer.

Der Abschnitt bis **Matten** ist mässig attraktiv, da der gepfadete Weg der Flug-

platzpiste entlang angelegt ist. Zudem liegt die sonst sehr sonnig gelegene Route hier wegen der Südost-Exponierung des Tals besonders im Dezember und Januar oft im Schatten.

Nach Durchquerung eines bewaldeten Abschnitts gelangt man über das *Schadauli* zum **Boden** an der Lenk. Eindrücklich erhebt sich die Wand des Wildstrubels, die das weite Tal majestätisch abschliesst. Über den Weiler *Ägerten* gelangt man in den Lenker Dorfkern und zum Bahnhof **Lenk.**

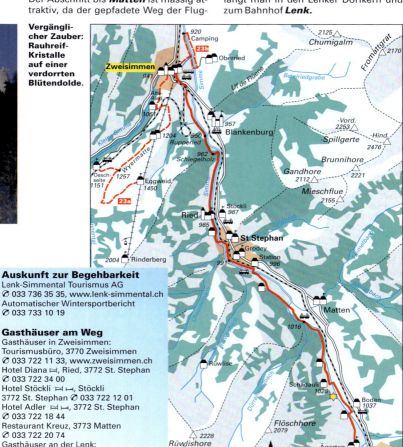

Vergänglicher Zauber: Rauhreif-Kristalle auf einer verdorrten Blütendolde.

Auskunft zur Begehbarkeit
Lenk-Simmental Tourismus AG
☎ 033 736 35 35, www.lenk-simmental.ch
Automatischer Wintersportbericht
☎ 033 733 10 19

Gasthäuser am Weg
Gasthäuser in Zweisimmen:
Tourismusbüro, 3770 Zweisimmen
☎ 033 722 11 33, www.zweisimmen.ch
Hotel Diana ⊨, Ried, 3772 St. Stephan
☎ 033 722 34 00
Hotel Stöckli ⊨ ⊢, Stöckli
3772 St. Stephan ☎ 033 722 12 01
Hotel Adler ⊨ ⊢, 3772 St. Stephan
☎ 033 722 18 44
Restaurant Kreuz, 3773 Matten
☎ 033 722 20 74
Gasthäuser an der Lenk:
Lenk-Simmental Tourismus AG
3775 Lenk ☎ 033 736 35 35
www.lenk-simmental.ch

Hinweise zu den Routen 23a+b
Seite 86/87.

3h Lenk–Lenksee–Simmenfälle–Rotebach–Lenk

Die Lenk gilt zu Recht als einer der schönsten Talabschlüsse der Alpen. Über dem weiten Talkessel steht das mächtige Wildstrubelmassiv, wo die Simme entspringt. Die Wanderung führt im flachen Talboden der Lenk entlang der jungen Simme. Am Weg liegt das Lenkseelein, das auch in strengen Wintern kaum restlos zufriert. Die Route verläuft auf gelb markierten Wanderwegen, die zusätzlich mit dem Schneemann-Symbol gekennzeichnet sind.

Das vielgestaltige Wesen des Wassers zeigt sich im Winter auf besonders eindrückliche Weise. Schnee tritt in allen möglichen Formen in Erscheinung – von wolkenleichtem Pulver bis zu matschigem Sulz. Überaus hart und kompakt ist die Eisschicht, die nach langer Kälte über stehenden und mitunter auch entlang von fliessenden Gewässern liegt; unter den gläsernen Platten gurgelt und fliesst das flüssig gebliebene Nass dennoch munter weiter vor sich hin. Und dann gibt es selbst bei grösster Kälte noch Wasserdampf, der sich an Bäumen und Sträuchern zu reizvollen Rauhreif-Strukturen auskristallisiert.

Auf der Talwanderung zu den Simmenfällen lässt sich all dies miteinander erleben. Gleich zu Beginn erwartet einen eine überraschende Ouvertüre in Form eines Schwalls Schwefelduft: Auf dem Weg vom Bahnhof **Lenk** durchs Dorfzentrum und an der Kirche vorbei nach *Krummbach* gelangt man an den stärksten Schwefelquellen vorbei, die es im Alpenraum gibt. Harmlosen Bächlein entströ-

men kräftige Geruchssalven. Krummbach kann auch über die Lischmatte erreicht werden.

Auf gepflügtem Strässchen gehts dem Waldrand entlang weiter zum *Lenksee*. Zahlreiche Enten und andere Wasservögel nutzen den Umstand, dass ein Teil der Oberfläche des Seeleins auch bei grösster Kälte eisfrei bleibt.

In der **Ey** wird der Iffigbach überquert.- Danach hält man links und gelangt durch das Naturschutzgebiet *Klöpflisberg* an die Simme. Genussreich ist es, durch lichte Auenwald-Bestände auf dem Uferweg zu wandern, den wuchtigen Wildstrubel stets vor Augen. Fast unmerklich steigt der Weg über *Zälg* leicht an. Die gepfadete Route endet beim Hotel *Simmenfälle.*

Was hier im Winter als harmloses Bächlein in Erscheinung tritt, kann bei sommerlichen Wolkenbrüchen ungeheure Wassermengen abführen: Die Simme entwässert ein Gebiet von nicht weniger als 37,5 km²; beim Geschiebesammler in der Nähe des Hotels fliessen zur Zeit

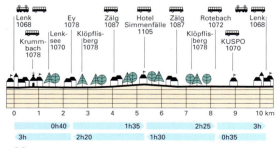

**Zahlreiche Was-
servögel suchen
den Lenksee
auch im tiefsten
Winter auf.**

der Schneeschmelze über 30 m³ Wasser pro Sekunde durch. Würde man diese Menge einen Tag lang abfüllen, so könnte davon jedem Menschen auf der Erde ein Halbliterfläschchen abgegeben werden.

Die Rückkehr ins Dorf erfolgt direkt dem Ufer der Simme entlang: Zunächst gehts

bis *Klöpflisberg* auf gleicher Route wie beim Hinweg, danach auf dem Uferweg weiter nach **Rotebach** und am Kurs- und Sportzentrum *(KUSPO)* in Horlouene vorüber ins Dorfzentrum. Weit und offen ist der Blick, der sich nun talauswärts bietet. Vom Dorfzentrum sind es nur noch einige Schritte zum Bahnhof **Lenk**.

Auskunft zur Begehbarkeit
Lenk-Simmental Tourismus AG
☎ 033 736 35 35, www.lenk-simmental.ch
Automatischer Wintersportbericht
☎ 033 733 10 19

Gasthäuser am Weg
Gasthäuser an der Lenk:
Lenk-Simmental Tourismus AG
3775 Lenk
☎ 033 736 35 35, www.lenk-simmental.ch
Hotel Simmenfälle ⋈ ⊢
Oberried, 3775 Lenk ☎ 033 733 10 89
Restaurant Zum Stall, Rotebach
3775 Lenk ☎ 033 733 32 50
Restaurant Kurs- und Sportzentrum
Kuspo ⊢, Horlouene, 3775 Lenk
☎ 033 733 28 23

2h10 Betelberg–Leiterli–Tschätte–Haslerberg–Leiterli–Betelberg

Aussichtsreiche Rundwanderung am Rande des Skigebiets Lenk–Betelberg. Prachtvoll ist die Sicht auf Wildstrubel- und Plaine-Morte-Massiv, eindrücklich ist aber auch der Anblick der wild zerfurchten Hänge der Stübleni. Grüne Stangen und, bei Verzweigungen, auch einzelne grüne Wegweiser markieren den Routenverlauf und grenzen den Wanderweg vom Pistenraum ab.

Es erfordert keine Kletterei, um auf das Leiterli zu gelangen: Die Gondelbahn Lenk–Betelberg bringt einen rasch und bequem hinauf zum **Betelberg,** dem Ausgangspunkt der Rundwanderung. Der Einstieg zum Wanderweg liegt ostseits des Gebäudes der Bergstation. Von dort hält man in südlicher Richtung hangaufwärts und gelangt so nach 10 min zum höchsten Punkt des Skigebiets Betelberg, dem *Leiterli.* Voraus liegt die Stübleni, deren nördlicher Abhang, die Gryde, trotz der dicken Schneedecke auch im Winter von tiefen Furchen durchzogen ist. Talwärts geht der Blick auf das winterlich stille Pöschenried.

In leichtem Abstieg gehts vom Leiterli in südwestlicher Richtung dem Hang entlang nach **Tschätte.** Auf dem nahen *Stoos* zweigt der Winterwanderweg nach Stoos links ab, während sich der Leiterli-Rundweg rechts fortsetzt. Er senkt sich nun recht steil gegen das **Läger,** beschreibt unterhalb der Alphütte einen leichten Bogen und verläuft anschliessend ohne nennenswerte Höhenunterschiede dem Wald entlang. Ein friedvolles Bild bietet sich dar: Über der

weiten Hochebene thront auf der gegenüberliegenden Seite des Simmentals das Albristhorn. So bezaubernd kann der Winter sein!

Beim Wegweiserstandort **Haslerberg** erreicht der Rundweg seinen nördlichsten Punkt. Von da an gehts in mässigem, aber konstantem Anstieg dem Hang von Betelberg und Leiterli entlang zurück Richtung **Tschätte** und über das *Leiterli* zum Zielpunkt, der Gondelbahn-Station **Betelberg.**

Betelberg 1943	Läger 1870	Haslerberg 1860	Betelberg 1943
Leiterli 2001			Leiterli 2001
Tschätte 1950			Tschätte 1950
	Stoos 1953		

0	1	2	3	4	5	6 km

0h20		1h15	1h50	2h10
2h10	1h45		0h45	0h20

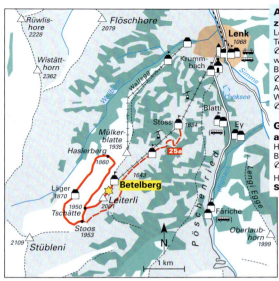

Auskunft zur Begehbarkeit

Lenk-Simmental
Tourismus AG
☏ 033 736 35 35
www.lenk-simmental.ch
Bergbahnen Lenk
☏ 033 733 20 20
Automatischer
Wintersportbericht
☏ 033 733 10 19

Gasthäuser am Weg

Hotel Berghaus Leiterli ✉ 🛏
Betelberg, 3775 Lenk
☏ 033 733 35 16

Hinweise zu Route 25a
Seite 87.

Unnahbar und doch
zum Greifen nah
präsentiert sich die
hochalpine Bergwelt
auf dem Leiterli-
Rundweg in Richtung
Stübleni.

2h   Saanenmöser–Wittere–Schlittmoos–
Gruben–Gstaad

**Wanderung entlang der Flanke des Hornbergs. Zwar werden vereinzelt
Skipisten sowie eine Sesselbahn gekreuzt, dennoch liegt die Route
abseits jeglichen Rummels. Unterwegs bieten sich immer wieder schöne
Ausblicke auf die weite Ebene des Saanenlands. Die Route ist mit pinkfarbigen Wegweisern markiert.**

Vom Bahnhof **Saanenmöser** hält man
zuerst einige Schritte ostwärts Richtung
Zweisimmen, überquert die Dorfstrasse
und schwenkt dann in den präparierten
Winterwanderweg Richtung Schönried
ein. Dieser führt im ersten Abschnitt
einem Bachlauf entlang.
Den Weg säumen Hinweistafeln, die interessante Informationen über die Ge-
schichte der Landschaft Saanen vermitteln. Nach knapp einer Viertelstunde ver-
zweigt sich der Winterwanderweg. Während die eine Ast auf dem Geschichts-
Lehrpfad nach Schönried weiterführt
(nach Schönried Station 30 min), hält
man sich an die Abzweigung, die auf
einem Strässchen Richtung *Wittere* ansteigt. Nach gut 300 m schwenkt der Weg
rechts vom Strässchen ab und führt auf
einem Forstweg durch stillen Bergwald.
Zwischendurch bieten sich herrliche
Ausblicke auf die ausgedehnte Ebene
des Saanenlands und auf die umliegen-
de Bergwelt, die von den Gipfeln von
Gummfluh und Le Rubli kraftvoll beherrscht wird. Unterwegs kreuzt die
Route zweimal eine Skipiste; hier ist kurz
Vorsicht gegenüber allzu forschen Ab-

fahrtskünstlern geboten. Zudem unterquert sie die Sesselbahn, die von Schönried auf das Horneggli führt. Der Pisten-
betrieb stört aber die Ruhe und den
Genuss der prachtvollen Winterlandschaft in keiner Weise.
Im Gebiet **Schlittmoos** verzweigen sich
die Winterwanderwege erneut. Während
die eine Route Richtung Schönried zu-
rückführt (nach Schönried Station 30
min), hält man Richtung Gruben/Gstaad
geradeaus weiter und gelangt so zum Ge-
hölz, das den verschneiten Bachlauf des
Ärbserebachs säumt. Diesem entlang
steigt man zum Strässchen ab, das in
Richtung Gruben (ebenfalls als Winterwanderroute markiert) weiterführt. Direkt nach Querung des Ärbserebachs
schlägt man jedoch den Winterwanderweg Richtung Nüweret/Gstaad ein, der
vom Strässchen rechts abzweigt und
quer über die verschneite Wiese angelegt
ist.
Die Route führt in sanftem Abstieg mit
längeren ebenen Abschnitten Richtung
Gstaad hinunter. Im Gebiet **Gruben** ver-
zweigt sie sich nochmals. Eine Variante
führt nach *Nüweret* weiter, wo sie beim

**Ein weisser Wächter mit dem
Überblick auf das weite
Saanenland. In der Bildmitte das
Skigebiet Eggli,
im Hintergrund die Gummfluh.**

**Auskunft
zur Begehbarkeit**
Gstaad Saanenland
Tourismus
☏ 033 748 81 81
www.gstaad.ch
Automatischer
Wintersportbericht
☏ 033 748 82 82

Gasthäuser am Weg
Golfhotel les
hauts de Gstaad ⌂
3777 Saanenmöser
☏ 033 748 68 68
Hotel Bahnhof ⌂
3777 Saanenmöser
☏ 033 744 15 06
Restaurant Bistro
3777 Saanenmöser
☏ 033 744 40 00
Gasthäuser in Gstaad:
Gstaad Saanenland
Tourismus, 3780 Gstaad
☏ 033 748 81 81
www.gstaad.ch

Hinweise zu Route 26a
Seite 87.

Hotel Le Grand Chalet endet. Der andere Abschnitt führt zunächst einem Bächlein entlang, danach über ein Strässchen zur Bahnlinie, die überquert wird, worauf man zügig den Dorfkern von **Gstaad** erreicht.

3h15 Gstaad–Oberbort–Turbach/Post– Turbach–Gstaad

Rundwanderung vom Saanenländer Flanierzentrum ins verträumte Turbachtal. Die beiden Teile der Route führen die unterschiedlichen Seiten des Winters eindrücklich vor Augen: Während der Talweg von winterlichem Wald und dem vereisten Bachlauf geprägt ist, weist der Höhenweg aufgrund seiner Sonnenexposition streckenweise einen geradezu südländischen Charakter mit einem sommerlichen Hauch auf. Bis Oberbort verläuft die Route auf gelb markiertem und mit dem Schneemann-Symbol gekennzeichnetem Wanderweg, von da an ist sie mit pinkfarbigen Wegweisern markiert.

Auf dem ersten Abschnitt der Route vom Bahnhof **Gstaad** zum Ortsteil **Oberbort** zeigt sich die Gemeinde Saanen von ihrer bekannteren, klischeehaften Seite: Schwere Parfums und noch schwerere Pelzmäntel schweben über der autofreien Dorfstrasse. Der Aufstieg von der Flaniermeile nach Oberbort führt an etlichen Villen im Chaletstil sowie am Hotel Palace vorbei, das mit burgähnlichen Zinnen seinem Namen alle Ehre macht. Der Höhenweg verläuft zunächst ebenaus dem Hang entlang. Schöner Blick ins Lauenental. Während am Wasserngrat auf der gegenüberliegenden Talseite die Skifahrer und Snowboarder ihre Kurven ziehen, hat der Winter auf dieser Seite des Turbachtals einen schwereren Stand: An der wunderbar sonnigen Lage hält sich der Schnee nicht lange, und daher herrscht hier oft schon im Februar eine frühlingshafte Milde. In mässigem Aufstieg geht es durch den Wald und anschliessend weiter dem

Hang entlang nach **Egg,** wo der Wanderweg ins geteerte, allerdings nur mässig befahrene Strässchen nach Turbach mündet. Auf diesem erreicht man das Zwischenziel **Turbach/Post.** Das verträumte Dörfchen gehört ebenfalls zur Gemeinde Saanen und zeigt deren anderes, von bäuerlicher Tradition geprägtes Gesicht, das weit weniger bekannt ist als die mondäne Seite.

Der Rückweg auf der Talroute weist gegenüber dem Höhenweg einen vollkommen gegensätzlichen Charakter auf. Vom Dorf gehts in einem kurzen Abstieg zum Turbach und danach dem Bachlauf entlang talauswärts. Der Auenwald und der hohe Abhang auf der gegenüberliegenden Seite lassen hier die Sonnenstrahlen oft nur kurze Zeit durchdringen, so dass nicht nur eine dicke Schnee- und Eisschicht den Wasserlauf überzieht, sondern sich auch der Wanderweg in winterlich weissem Kleid zeigt. Zunächst an verschneitem Wiesland vorü-

Gstaad 1050		Egg 1276	Turbach/Post 1340	Turbach 1215		Gstaad 1050
Oberbort 1196					Oberbort 1196	

0h35	1h15	1h45	2h15	2h50	3h15
3h15	2h50	2h15	1h50	1h10	0h35

ber, dann durch den Wald führt der Weg mit leichtem Gefälle zum Standort **Turbach,** wo die Wanderroute die Strasse quert und dieser auf eigenem Trassee eine Weile entlangführt. Anschliessend zweigt sie von der Strasse weg und ver-

läuft auf konstanter Höhe dem Ha... lang.
In **Oberbort** schliesst sich der Talweg wieder mit dem Höhenweg zusammen; auf gelb markiertem Wanderweg gehts zum Zielpunkt Bahnhof **Gstaad.**

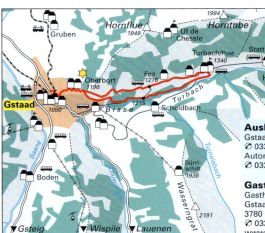

Ruheplatz mit viel Aussicht: Vom Bänklein nahe Oberbort schweift der Blick zum Wasserngrat und ins Lauenental (am rechten Bildrand).

Auskunft zur Begehbarkeit
Gstaad Saanenland Tourismus
✆ 033 748 81 81, www.gstaad.ch
Automatischer Wintersportbericht
✆ 033 748 82 82

Gasthäuser am Weg
Gasthäuser in Gstaad:
Gstaad Saanenland Tourismus
3780 Gstaad
✆ 033 748 81 81
www.gstaad.ch
Restaurant Sunne-Stübli
3781 Turbach, 033 744 11 11

Am schwarzen Wasser durch das weisse Hochland

4h10 Saanen–Gstaad/Rütti–Grund–Feutersoey–Gsteig

Abwechslungsreiche Talwanderung entlang der Saane. Der Flusslauf steht in reizvollem Kontrast zur winterlichen Landschaft des weiten Saanenlands. Glanzvolle Zeugnisse früherer Baukunst sind die Kirche Saanen sowie mehrere schöne alte Häuser entlang der Route. Die Route ist mit pinkfarbigen Wegweisern markiert.

Das Saanenland ist reich an schönen alten Bauwerken. Einzigartiges Zeugnis alter ländlicher Baukunst ist die Kirche Saanen; sie liegt an leicht erhöhter Lage am nördlichen Dorfrand. Ihr Turm stammt aus romanischer Zeit, das dreiteilige, in Holz gebaute Kirchenschiff wurde noch vor der Reformation erstellt. Nicht nur die räumliche Wirkung im Innern der Kirche, sondern auch die Akustik ist überwältigend. Nicht minder sehenswert ist die Häusergruppe auf dem ehemaligen Kastlaneigut am östlichen Dorfrand.

Der Uferweg entlang der **Saane** beginnt wenige Schritte südlich des Bahnhofs Saanen. Durch lichten Auenwald gelangt man nach *Äbnit,* wo auf die andere Seite des Flüsschens gewechselt wird. Still plätschert das Wasser dahin, nur in geringen Mengen zwar, aber auch bei grosser Kälte in der Regel eisfrei. In der weiten verschneiten Ebene des Saanenlandes setzt der dunkle Flusslauf einen ungewohnten, aber attraktiven Kontrast.

Nur wenige hundert Meter vom belebten Gstaader Dorfzentrum entfernt zieht sich der Weg hier durch eine stille, verträumte Winterlandschaft. Rege Betriebsamkeit herrscht hingegen im Gstaader Dorfteil *Rütti,* wo der Weg an der Talstation der Eggli-Bahn vorüber gleich wieder an die Saane führt. Immer weiter dem Flusslauf entlang gehts nach **Boden.** Dort verlässt die Route den Uferweg und führt an leicht erhöhter Lage dem Hang entlang weiter taleinwärts. Nach und nach rücken nun die majestätischen Berggipfel an der Kantonsgrenze Bern-Wallis im Blickfeld: das markante Spitzhorn im Osten, das Sanetschhorn, später auch das Oldenhorn im Süden.

Der präparierte Winterwanderweg wechselt im **Grund,** im Gebiet **Chlösterli,** auf die andere Seite der Saane und quert anschliessend in kurzem Abstand auch zweimal die Kantonsstrasse, ehe er in Richtung **Feutersoey** leicht ansteigt. Auch hier sind mehrere eindrückliche Zeugen alter Zimmermannskunst vorzufinden. Besonders ausgangs des Dorfes findet man sehenswerte geschnitzte und bemalte Holzfassaden, die unter Heimatschutz stehen.

Südlich von Feutersoey quert die Route im Gebiet *Büel* die Kantonsstrasse und

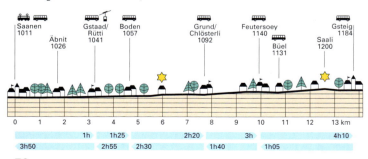

schliesst sich wieder der Saane an. Auf dem Talweg gelangt man über das *Saali* ins alte Säumerdorf ***Gsteig,*** von wo aus schon in alter Zeit die Passübergänge ins Wallis (Sanetsch) und in die Waadt (Col du Pillon) in Angriff genommen wurden.

Auch Gsteig hat einige bemerkenswerte Bauschätze zu bieten – die Kernzone des Dorfs ist im Bundesinventar schützenswerter Ortsbilder aufgeführt. Neben der Kirche (1453) und dem Pfarrhaus verdient der Gasthof Bären (1756) besondere Erwähnung.

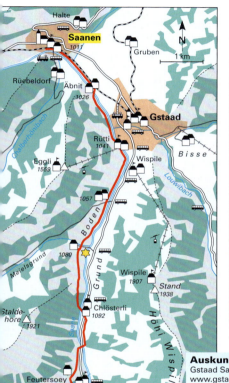

An der winterlichen Saane.

Auskunft zur Begehbarkeit

Gstaad Saanenland Tourismus ✆ 033 748 81 81
www.gstaad.ch
Automatischer Wintersportbericht ✆ 033 748 82 82

Gasthäuser am Weg

Gasthäuser in Saanen: Gstaad Saanenland Tourismus
3780 Gstaad ✆ 033 748 81 81, www.gstaad.ch
Hotel Arc-en-ciel ⊨, 3780 Gstaad ✆ 033 748 43 43
Restaurant Chlösterli, 3783 Grund b.Gstaad ✆ 033 748 79 79
Restaurant Cheeserii, 3784 Feutersoey ✆ 033 755 15 00
Gasthaus Rössli ⊨, 3784 Feutersoey ✆ 033 755 10 12
Hotel Bären ⊨, 3785 Gsteig ✆ 033 755 10 33
Hotel Viktoria ⊨, 3785 Gsteig ✆ 033 755 10 34

29 Eine spritzige Talfahrt krönt die aussichtsreiche Höhenwanderung

1h20 Wispile–Höhi Wispile–Chrinetritt (–Rohr–Gsteig)

Der Höhenweg über den langgezogenen Rücken der Höhi Wispile bietet eine einzigartige Sicht auf die Bergwelt im Grenzgebiet der Kantone Bern, Wallis und Waadt. Auch im Winter ist diese Wanderung überaus lohnenswert. Sie wird entweder auf gleichem Weg zurück zur Bergstation der Wispile-Bahn oder mit einer Schlittelfahrt nach Gsteig hinunter abgeschlossen. Die Route ist mit pinkfarbigen Wegweisern markiert.

Die Gondelbahn bringt nicht nur Skifahrer und Snowboarder, sondern auch Wanderer und Schlittler zügig von Gstaad auf die **Wispile.** Der maschinell präparierte Winterwanderweg führt von der Bergstation aus südwärts aus dem Skigebiet heraus. Er verläuft auf dem breiten und langgezogenen Rücken der Höhi Wispile. Zur linken Seite liegt einem das stille Lauenental zu Füssen, zur rechten Seite das Tal der jungen Saane. Besonders eindrücklich ist aber der Blick Richtung Süden auf die Gipfelparade von Wildhorn, Geltenhorn und Spitzhorn (alle drei Gipfel liegen auf der Grenze zwischen den Kantonen Bern und Wallis) sowie, gegen Westen hin, auf das Diablerets-Massiv mit dem vorgelagerten bernischen Oldenhorn – dem Punkt, wo die drei Kantone Bern, Waadt, und Wallis zusammenkommen – sowie, im Hintergrund, dem Waadtländer Sex Rouge.

Die Route weist auf den ersten zwei Kilometern mehrere kurze, aber zum Teil recht steile Auf- und Abstiege auf. Die folgenden zwei Kilometer von den ersten

Hütten der Bergschaft **Höhi Wispile** an verlaufen hingegen ohne grosse Höhenunterschiede und lassen so die Wanderung zu einem genussreichen Höhenweg-Erlebnis werden. Beim **Chrinetritt** rücken die Höhenkurven enger zusammen, und der Winterwanderweg geht hier zu Ende. Von nun an gibt es nur noch eine Richtung: abwärts, und zwar deutlich.

Von der Höhi Wispile bietet sich eine wundervolle Sicht bis zum Spitzhorn.

Wer keinen Schlitten dabei hat, gelangt auf dem bis hierher benützten Weg zurück zum Ausgangspunkt, der Gondelbahn-Bergstation Wispile. (Schlitten können an der Talstation der Gondelbahn gemietet werden.) Besonders im ersten Teil bis *Chrine* verläuft die Abfahrt recht rasant, da die Strecke zeitweise ziemlich steil ist. Weil einige Abschnitte zudem recht eng sind, ist entsprechende Vorsicht geboten.

Nach Querung des *Usseren Saaligrabens* verläuft die Abfahrt auf einem Alpsträsschen und daher weniger steil. Über einige weite Kehren gelangt man ins *Rohr* und von dort geradeaus nach Gsteig. Das Ortsbild wird von einer eindrücklichen Baugruppe aus Kirche (im Innern reich verzierte Renaissance-Kanzel), ehemaligem Pfarrhaus und Gasthof Bären (neben reichhaltigen Schnitzereien ziert den Blockbau auch ein schönes Wirtshausschild aus dem Jahr 1805) beherrscht. Von hier sind es noch ein paar Schritte nordwärts bis zur Postautohaltestelle bei der Post **Gsteig.**

Abstieg nur mit Schlitten: Zum Abschluss der Höhenwanderung über die Wispile winkt eine rasante Abfahrt nach Gsteig.

Auskunft zur Begehbarkeit
Gstaad Saanenland Tourismus
✆ 033 748 81 81, www.gstaad.ch
Talstation Wispile-Bahn
✆ 033 748 82 32
Automatischer Wintersportbericht
✆ 033 748 82 82

Gasthäuser am Weg
Berghaus Wispile ⊨ ⊢, Höhi Wispile
3780 Gstaad ✆ 033 748 96 32
Hotel Bären ⊨ , 3785 Gsteig
✆ 033 755 10 33
Hotel Viktoria ⊨, 3785 Gsteig
✆ 033 755 10 34

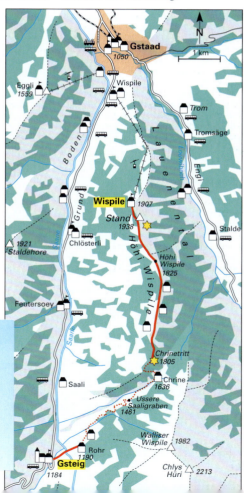

2h50 Lauenen–Hinderem See–Louwenesee–Twäregg–Lauenen

Rundwanderung im verträumten Lauenental. In der kalten Jahreszeit ist der Louwenesee eine zugefrorene und mit Schnee überzogene Ebene – ein ungewohnter, reizvoller Anblick im ansonsten stark hügelig-bergigen Saanenland. Die Route ist mit pinkfarbigen Wegweisern markiert.

Wer Pistengaudi und fetzige Après-Ski-Partys liebt, dürfte in Lauenen kaum auf seine Kosten kommen. Einige Ferienhäuser, ein paar währschafte Beizen, ein Skilift und eine Langlaufloipe – das ist schon fast alles, was das Dörfchen in dem vom übrigen Saanenland abgeschiedenen Lauenental den Wintersportlern zu bieten hat. Doch wer hier herkommt, tut dies in erster Linie wegen der grandiosen Landschaft und der familiären Atmosphäre. Auch Wanderer finden in Lauenen in erster Linie Beschaulichkeit und Ruhe. Auf dem ausgedehnten Rundweg zum Louwenesee dürften sie eher einem Pferdeschlitten-Gespann als langen Autokolonnen begegnen – ein sympathisches Zeichen dafür, dass die Uhren hier noch ein wenig anders zu ticken scheinen.

Von der Postauto-Endstation **Lauenen/Geltenhorn** führt ein Fussweg taleinwärts der Strasse entlang zum Hotel Alpenland in *Rohrbrügg.* Hier hält man rechts und folgt dem Strässchen, das an Ferienchalets vorbei zum Waldrand führt. Dort schwenkt der Weg links um und führt in sanftem, aber stetigem An-

stieg zum Weiler **Hinderem See.** In gleicher Richtung gehts auf dem breit gespurten Weg weiter über verschneite Weiden und durch kurze Waldabschnitte. Nach einer Linkskurve taucht unvermutet die weisse Ebene des zugefrorenen *Louwenesees* auf.

Da und dort ragen einzelne Tannen und Schilfrohrbestände am Ufer durch die dicke Schneeschicht, die den im Sommer und Herbst so farbenprächtig schimmernden See jetzt deckt. Ein ganz eigener Reiz geht von dieser weiten, ein klein wenig an arktische Ebenen erinnernden Landschaft aus.

Auskunft zur Begehbarkeit
Gstaad Saanenland Tourismus
☎ 033 748 81 81
www.gstaad.ch
Tourismusbüro Lauenen
☎ 033 765 91 81
Automatischer Wintersportbericht
☎ 748 82 82

Gasthäuser am Weg
Hotel Wildhorn ⋈
3782 Lauenen
☎ 033 765 30 12
Hotel Geltenhorn ⋈
3782 Lauenen
☎ 033 765 30 22
Hotel Alpenland ⋈
Rohrbrügg
3782 Lauenen
☎ 033 765 34 34

Hinweise zu Route 30a
Seite 87.

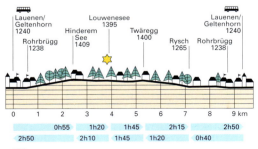

Lauenen/Geltenhorn 1240 · Rohrbrügg 1238 · Hinderem See 1409 · Louwenesee 1395 · Twäregg 1400 · Rysch 1265 · Rohrbrügg 1238 · Lauenen/Geltenhorn 1240

0 1 2 3 4 5 6 7 8 9 km

0h55 1h20 1h45 2h15 2h50

2h50 2h10 1h45 1h20 0h40

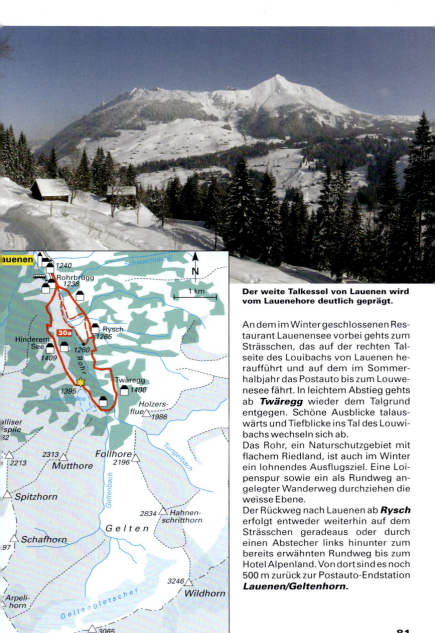

Der weite Talkessel von Lauenen wird vom Lauenehore deutlich geprägt.

An dem im Winter geschlossenen Restaurant Lauenensee vorbei gehts zum Strässchen, das auf der rechten Talseite des Louibachs von Lauenen heraufführt und auf dem im Sommerhalbjahr das Postauto bis zum Louwenesee fährt. In leichtem Abstieg gehts ab *Twäregg* wieder dem Talgrund entgegen. Schöne Ausblicke talauswärts und Tiefblicke ins Tal des Louwibachs wechseln sich ab.

Das Rohr, ein Naturschutzgebiet mit flachem Riedland, ist auch im Winter ein lohnendes Ausflugsziel. Eine Loipenspur sowie ein als Rundweg angelegter Wanderweg durchziehen die weisse Ebene.

Der Rückweg nach Lauenen ab *Rysch* erfolgt entweder weiterhin auf dem Strässchen geradeaus oder durch einen Abstecher links hinunter zum bereits erwähnten Rundweg bis zum Hotel Alpenland. Von dort sind es noch 500 m zurück zur Postauto-Endstation *Lauenen/Geltenhorn*.

♦ Wanderzeit: Hinweg ➡ Abstieg total
♦♦ Streckenlänge ♦ Wanderzeit:
▲ Aufstieg total   Gegenrichtung

 Hasliberg
Reuti–Wysseflüö–Eigen

♦ 0h50 ♦♦ 2,4 km ▲ 78 m ➡ 16 m ♦ 0h45
Leichter Spaziergang von der Postauto-Endstation ebenen Wegs zum Standort Wysseflüö und anschliessend in kurzem Aufstieg zum Aussichtspunkt auf Eigen. Von dort schöner Blick auf Innertkirchen und das obere Haslital. Der Weg verläuft hauptsächlich auf einem Strässchen. An sonnenexponierten Stellen kommt der Hartbelag schon wenige Tage nach Schneefällen wieder zum Vorschein. Rückkehr nach Hasliberg-Reuti auf gleichem Weg.
🛈 Tourismus Information Hasliberg
✆ 033 972 51 51

 Hasliberg
Reuti–Alpbach–Goldern

♦ 0h50 ♦♦ 2,4 km ▲ 97 m ➡ 76 m ♦ 0h45
Der Dorfweg verbindet die beiden östlichen Dörfer der Gemeinde Hasliberg. Das Teilstück Reuti–Goldern ist dank Präparation auch im Winter begehbar. Von Reuti aus gehts abseits des Strassenverkehrs zunächst abwärts zum Alpbach. Nach dessen Überquerung steigt die Route durch stille Waldgebiete wieder an und endet im von schmucken Holzhäusern geprägten Dorf Goldern bei der Post. Hier ist im Winter für Wanderer Endstation, da keine sinnvolle Möglichkeit zur Fortsetzung der Wanderung besteht.
🛈 Tourismus Information Hasliberg
✆ 033 972 51 51

 Gschwantenmad–
Rufenen–Schwarzwaldalp

♦ 1h10 ♦♦ 2,9 km ▲ 158 m ➡ 5 m ♦ 0h50
Nicht nur Skitourenfahrer und Schneeschuhläufer kommen im Winter im verträumten Rosenlauigebiet auf ihre Kosten. Für Wanderer wird ein wunderschöner Winterwanderweg gepfadet, der ohne grosse Höhenunterschiede abseits der Strasse vom Gschwantenmad über die Alp Rufenen zum Hotel Schwarzwald-Alp führt. Zu beachten: Die Region ist im

Winter nur während einzelner Wochen mit öffentlichen Verkehrsmitteln erreichbar (Postauto-Sonderkurse während der Weihnachts- und Sportferien).
🛈 Hotel Schwarzwald-Alp
✆ 033 971 35 15

Windegg–Chruttmettli–
Axalp

♦ 1h ♦♦ 3,3 km ▲ 0 m ➡ 380 m ♦ 1h50
Angenehmer und aussichtsreicher Abstieg von der Bergstation der Sesselbahn Axalp–Windegg über die Sonnenterrasse Chüemad (mit eindrücklicher Sicht auf das Giessbachtal) und am Pistenrestaurant im Chruttmettli vorüber zur Axalp hinunter. Im unteren Teil verläuft die Route entlang eines schattigen Nordhangs; Sonnenhungrige begehen sie deshalb vorzugsweise erst ab Ende Januar.
🛈 Sportbahnen Axalp-Windegg AG
✆ 033 951 26 32

Die Faulhornkette im Föhndunst von der Axalp aus gesehen.

Dank der sonnigen Lage apern die Weiden bei den Staubbachbänkli rasch wieder aus – auch die Steinböcke profitieren davon

 Bort–Milibach– Grindelwald

🚶 1h25 ↔ 4,7 km ⬆ 10 m ⬇ 537 m ↕ 2h30

Abstieg auf aussichtsreichem Weg von der Gondelbahn-Zwischenstation Bort nach Grindelwald. Bei günstigen Schneeverhältnissen ist der Weg bis Milimatta als Schlittelabfahrt präpariert. Dieses erste Teilstück ist relativ steil. Danach gehts auf einem Strässchen zum Milibach und von dort durchs Siedlungsgebiet weiter ins Dorfzentrum von Grindelwald hinunter.

ℹ️ Firstbahn AG
✆ 033 828 77 11

8a Wengen–Staubbachbänkli– Wengen

🚶 1h40 ↔ 4,9 km ⬆ 173 m ⬇ 173 m ↕ 1h35

Aussichtsreiche Rundwanderung am Sonnenhang über dem Lauterbrunnental. Vom Bahnhof Wengen auf Strässchen zum Zielgelände des Internationalen Lauberhorn-Skirennens beim Schiltwald und weiter zum Aussichtspunkt Staubbachbänkli. Die wie in einem Theater angeordneten Sitzbankreihen bieten eine einzigartige Sicht auf die gegenüberliegende Staubbachfluh. Steil aufwärts zur Wegscheide, wo die Abfahrtsstrecke bei der Einfahrt ins Ziel-S überquert wird.

Nach einem Waldstück im Brandmad wird auch die Slalompiste oberhalb des Steilhangs überquert. Über Stutzweidli mit eindrücklichem Blick auf das Dorfzentrum zurück zum Bahnhof Wengen.

ⓘ Wengen Tourismus
✆ 033 855 14 14

11a Mürren–Scheenegg–Gimmela

🚶 1h ↔ 2,1 km ⬈ 174 m ⬊ 12 m ⬈ 0h45
Reizvoller Abstecher von Mürren zur Alp Gimmela. Vom Bahnhof der Bergbahn Lauterbrunnen–Mürren aus wird zuerst das Dorf mit seinen teilweise noch stark an die bäuerliche Vergangenheit erinnernden Holzhäusern durchquert. Von der Station der Schilthornbahn weg verläuft der Weg in gleichmässigem Anstieg zur Bergschaft Gimmeln, wo bei Skibetrieb ein gut frequentiertes Pistenrestaurant betrieben wird. Schöner Blick ins winterlich stille Hintere Lauterbrunnental. Die Rückkehr erfolgt auf gleicher Route entweder zu Fuss oder auf Schlitten.

ⓘ Mürren Tourismus
✆ 033 856 86 86

12a Beatenberg/Schmocken–Bode–Bödeli–Waldegg

🚶 3h10 ↔ 9,3 km ⬈ 264 m ⬊ 183 m ⬈ 3h
«All-Wetter-Wanderung»; selbst bei Schneetreiben ist die Route nicht zu verfehlen. Ab Beatenberg/Station auf dem Strässchen über Schmocken und Haberelegi zur Bodenalp hinauf, von dort entlang der Langlaufloipe durch den Wald stets leicht abwärts nach Rischeren/Bödeli und schliesslich zur Waldegg hinunter. Wer die Route in umgekehrter Richtung begeht, kann den Abstieg ab Bodenalp in Form einer Schlittenabfahrt bewältigen.

ⓘ Beatenberg Tourismus
✆ 033 841 18 18

13a **Habkern–Hellbode–Bort–Habkern**

🚶 2h20 ↔️ 6,4 km ⬆️ 258 m ⬇️ 258 m 🕐 2h20

Rundwanderung am Sonnenhang über dem stillen Oberländer Bergbauerndorf. Von Habkern/Post zunächst eine längere Treppe hinauf, dann in weiterem Anstieg auf gepfadeten Strässchen durch verschneite Weiden und kurze Waldabschnitte nach Hellbode. Abstieg über Bort und zurück nach Habkern.

ℹ️ Tourismusbüro Habkern
☎ 033 843 13 01

14a **Kandersteg–Öschiwald–Kandersteg**

🚶 0h50 ↔️ 2,7 km ⬆️ 47 m ⬇️ 47 m 🕐 0h50

Der Oeschiwald befindet sich buchstäblich im Schatten des Doldenhorns, und so bleibt der Schnee hier oft bis weit in den Frühling liegen. Dunkle Tannen- und lichte Arvenbestände verleihen dem Wald noch zusätzlichen Winterzauber. Der Rundweg beginnt bei der Kirche, führt in leichtem Anstieg in den Oeschiwald und von dort teilweise der Schlittelabfahrtsstrecke entlang zurück ins Dorf.

ℹ️ Kandersteg Tourismus
☎ 033 675 80 80

15a **Kandersteg–Chesmilchbrügg–Brand–Kandersteg**

🚶 1h15 ↔️ 4,1 km ⬆️ 22 m ⬇️ 22 m 🕐 1h15

Leichte Rundwanderung ohne nennenswerte Höhenunterschiede im Talboden von Kandersteg. Vom Bahnhof in südlicher Richtung über Bütschels an die junge Kander und dieser entlang bis zur Chesmilchbrügg. Nach der Überquerung der Hauptstrasse geht es am Weiler Filfalle vorüber in den Brand und am historischen Gasthof Ruedihus am Büele vorbei (der als einer der bedeutendsten Zeugen alter oberländischer Zimmermannskunst gilt) zurück zum Bahnhof Kandersteg.

ℹ️ Kandersteg Tourismus
☎ 033 675 80 80

Ein Bächlein behauptet sich auf der Engstligenalp gegen Schnee und Kälte.

17a **Rundweg Engstligenalp, Adelboden**

🚶 1h10 ↔️ 4 km ⬆️ 47 m ⬇️ 47 m 🕐 1h10

Wenn im Tal noch kein Schnee liegt oder schon die Krokusse blühen, stellt die Engstligenalp ein schneesicheres Tummelfeld für Wintersportler aller Art dar. Im weiten Kessel des Hochtals sind auch zwei Rundwege für Winterwanderer angelegt. Die längere Route führt über das Berghaus Bärtschi in einem Bogen im Gegenuhrzeigersinn zur Pistenbeiz auf der gegenüberliegenden Talseite und danach dem Schlepplift-Trassee entlang zurück zur Bergstation der Luftseilbahn.

ℹ️ Adelboden Tourismus
☎ 033 673 80 80

19a **Adelboden/Schärmtanna–Flueweid–Adelboden**

🚶 1h45 ↔️ 4,5 km ⬆️ 128 m ⬇️ 260 m 🕐 2h

Sehr reizvolle Variante am Sonnenhang über Adelboden. Von der Skibus-Station Schärmtanne Richtung Schwandfälspitz aufsteigen und bei der Verzweigung oberhalb des Waldrands den Weg Richtung Flueweid wählen. Nun gehts mit nur bescheidenen Höhendifferenzen bei schönster Aussicht über verschneite Weiden und durch winterliche Wälder nach Uelisgrabe. Von dort Abstieg über Heinrichseggen oder Weidli/Märitplatz nach Adelboden.

ℹ️ Adelboden Tourismus
☎ 033 673 80 80

21a **Nüegg–Entschwil–Diemtigtal/Riedli**

🚶 2h ↔️ 6,5 km ⬆️ 10 m ⬇️ 444 m 🕐 3 h

Von der Bergstation zur Talstation wandern? Wer Gelenkprobleme hat, wird stirnrunzelnd an seine Knie denken – in diesem Fall aber zu Unrecht. Der Winterwanderweg von Nüegg nach Riedli ist topografisch geschickt angelegt und führt zwar anhaltend, aber sanft und in einem weiten Bogen über Entschwil abwärts. Unterwegs bezaubernder Überblick auf einen grossen Teil des Diemtigtals bis zur Einmündung ins Simmental.

ℹ️ Wiriehorn-Bahnen AG
☎ 033 684 12 33

Auf dem Springebode-Rundweg im Diemtigal.

Rundweg Jaunpass

🚶 0h45 ↔ 2,6 km ▲ 21 m ▼ 21 m 🕐 0h45
Rundwanderung mit geringen Höhendifferenzen. Vom Hotel des Alpes auf der Passhöhe gelangt man in südwestlicher Richtung durch die breite Waldschneise zum Ausgangspunkt. Der Winterwanderweg ist mit orangefarbenen Stangen markiert. Ausserdem säumt ihn eine Lampenkette; damit wird der Weg abends jeweils bis 23 h beleuchtet.
🛈 Boltigen-Jaunpass-Tourismus
✆ 033 773 69 19

21b Rundwege Springebode, Diemtigtal

🚶 1h 45 ↔ 4,4 km ▲ 174 m ▼ 174 m 🕐 1h40
Die stille Winterlandschaft abseits des Familienskigebiets Springebode ist ausserordentlich anziehend. Die mit pinkfarbigen Wegweisern markierten Rundwege Ahorni (1h) und Chüeweid (1h45h) können von der Weggabelung Haseloch, vom Restaurant Springebode und vom Restaurant Gsässweid aus in beide Richtungen begangen werden. Springebode ist nicht mit öffentlichen Verkehrsmitteln erschlossen. Wer über kein Auto verfügt, muss ab Postauto-Haltestelle Horboden oder ab Bahnhof Oey-Diemtigen ein Taxi nehmen (Taxibetrieb Garage Neukomm, Horboden ✆ 033 681 21 69) oder einen Fussmarsch von 5,5 km auf der Strasse nach Springebode in Kauf nehmen.
🛈 Diemtigtal Tourismus ✆ 033 681 26 06

21c Chrindi–Hinterstockensee, Erlenbach

🚶 0h40 ↔ 2 km ▲ 67 m ▼ 67 m 🕐 0h40
Leichte Kurzwanderung in der wilden Berglandschaft am Stockhorn. Ausgangspunkt ist die Mittelstation Chrindi der Stockhornbahn. Die Route führt zum zugefrorenen Hinterstockensee und in einer Schlaufe um die Hütten der Hinterstockenalp; anschliessend auf gleichem Weg zurück zum Chrindi.
Bei günstigen Schneeverhältnissen ist als Variante auch eine Route Chrindi–Oberbärgli (1h hin und zurück) präpariert.
🛈 Stockhornbahn
✆ 033 681 21 81

23a Eggweid–Oeschseite–Zweisimmen

🚶 2h ↔ 6,7 km ▲ 12 m ▼ 521 m 🕐 3h
Panoramawanderung von der Eggweid, der Mittelstation der Rinderberg-Gondelbahn, über die Oeschseite nach Zweisimmen. In leichtem bis mässigem Gefälle, zwischendurch auch eine Weile ebenen Wegs, verläuft der mit violetten Stangen und pinkfarbigen Wegweisern markierte Winterwanderweg anfänglich quer über verschneite Alpweiden, später auf einem Alp- und Forststrässchen. Vom Schafmadgrabe weg ist die Route mit gelben Schneemann-Tafeln markiert; als Variante kann hier auch links zur Bahnstation Oeschseite abgestiegen und von dort auf dem relativ flachen Strässchen nach Zweisimmen gewandert werden.

Unterwegs von der Eggweid nach Zweisimmen.

Das Schnidehorn vom Höhenweg
Leiterli-Stoss aus gesehen.

23b Rundweg Zweisimmen

🚶 1h ↔ 3,3 km ⬆ 19 m ⬇ 19 m 🚶 1h

Leichter Rundgang durch lichten Auenwald entlang der beiden Simmen. Von der Ostseite des Bahnhofs zunächst an die Kleine Simme. Dieser entlang zum Zusammenfluss mit der Grossen Simme, danach südwärts halten, bei der gedeckten Holzbrücke den Bach überqueren und auf der gegenüberliegenden Seite nordwärts halten. Beim Campingplatz wird erneut auf die andere Seite gewechselt, und wieder südwärts gehts zurück zum Zusammenfluss der beiden Simmen und zum Bahnhof. (Das Teilstück Camping–Bahnhof ist übrigens nachts beleuchtet.)

ℹ Tourismusbüro Zweisimmen
☎ 033 722 11 33

25a Lenk/Leiterli–Tschätte–Stoos–Stoss

🚶 1h30 ↔ 5,1 km ⬆ 58 m ⬇ 367 m 🚶 2h20

Über verschneite Alpweiden und durch stillen Bergwald von der Bergstation der Gondelbahn Lenk-Betelberg hinunter zur Zwischenstation Stoss. Auf mehreren Informationstafeln entlang des Wegs werden Wildtiere der Region und ihre Lebensumstände im Winter vorgestellt. Besonders reizvoll ist das erste Teilstück vom Leiterli über Tschätte und dem Hang entlang zurück Richtung Betelberg. Unterhalb der Station verläuft der Wanderweg eine Weile parallel zum Schlittelweg, später wieder durch einsames Waldgebiet, bis er in den regen Betrieb des Skizentrums Stoss mündet.

ℹ Lenk Bergbahnen
☎ 033 733 20 20

26a Schönried–Gruben–Saanen

🚶 1h20 ↔ 4,4 km ⬆ 0 m ⬇ 219 m 🚶 1h45

Aussichtsreiche Wanderung an sonniger Lage. Vom Bahnhof Schönried auf dem Winterwanderweg nach Gstaad halten, nach 300 m rechts Richtung Saanen abzweigen. Mit schönem Ausblick auf das weite verschneite Saanenland gehts an der Umformerstation Gruben der Montreux-Oberland-Bahnen vorüber leicht abwärts zum Chouflisbach. Nach 100 m wird rechts ins Dorf Saanen abgezweigt .

ℹ Gstaad Saanenland Tourismus
☎ 033 748 81 81

30a Lauenen–Rohr–Lauenen

🚶 1h25 ↔ 4,8 km ⬆ 14 m ⬇ 14 m 🚶 1h25

Leichte Rundwanderung ohne nennenswerte Steigungen im Naturschutzgebiet Rohr. Vom Parkplatz beim Hotel Alpenland 200 m geradeaus weiter bis zur Rohrbrügg. Hier beginnt der Rundweg über die verschneiten Riedmatten. In einem ausgedehnten Bogen führt er grösstenteils über offenes Land, zwischendurch auch durch lichten Wald, zurück zum Ausgangspunkt.

ℹ Tourismusbüro Lauenen
☎ 033 765 91 81

Kontaktstellen

Detaillierte Auskünfte über das touristische Angebot in den verschiedenen Destinationen des Berner Oberlands erhalten Sie bei den folgenden Stellen:

Adelboden Tourismus
3715 Adelboden
✆ 033 673 80 80
www.adelboden.ch
info@adelboden.ch

alpenregion.ch Brienz-Meiringen-Hasliberg
3860 Meiringen
✆ 033 972 50 50
www.alpenregion.ch
info@alpenregion.ch

Diemtigtal Tourismus
3753 Oey
✆ 033 681 26 06
www.diemtigtal-tourismus.ch
info@diemtigtal.ch

Ferienregion Lötschberg
3001 Bern
✆ 031 327 27 27
www.loetschbergregion.ch
info@kandersteg.ch

Grindelwald Tourismus
3818 Grindelwald
✆ 033 854 12 12
www.grindelwald.ch
touristcenter@grindelwald.ch

Gstaad Saanenland Tourismus
3780 Gstaad
✆ 033 748 81 81
www.gstaad.ch, info@gstaad.ch

Interlaken Tourismus
3800 Interlaken
✆ 033 826 53 00
www.interlakentourism.ch
mail@interlakentourism.ch

Kandersteg Tourismus
3718 Kandersteg
✆ 033 675 80 80, www.kandersteg.ch
info@kandersteg.ch

Lenk-Simmental-Tourismus
3775 Lenk
✆ 033 736 35 35
www.lenk-simmental.ch
info@lenk-simmental.ch

Thunersee Tourismus
3600 Thun
✆ 0842 84 21 11
www.thunersee.ch

Wengen-Mürren-Lauterbrunnental Tourismus
3822 Lauterbrunnen
✆ 033 856 85 68
www.wengen-muerren.ch
info@lauterbrunnen.ch

Öffentlicher Verkehr

Informationen zu den aktuellen Betriebszeiten der Transportunternehmungen sind bei den folgenden Stellen erhältlich.
Einige Transportunternehmungen bieten für Winterwanderer auch Spezialbillette für längere Aufenthalte an.

Bergbahnen Adelboden
3715 Adelboden
✆ 033 673 35 00
www.adelboden-lenk.ch
info@adelboden-lenk.ch

Bergbahnen Destination Gstaad
3780 Gstaad
✆ 033 748 87 37
www.gstaad.ch
mountainrides@gstaad.ch

BLS Lötschbergbahn
3001 Bern
✆ 031 327 27 27
www.bls.ch
info@bls.ch

Jungfraubahnen
3800 Interlaken
✆ 033 828 71 11
www.jungfraubahn.ch
jb@jungfrau.ch

Lenk Bergbahnen
3775 Lenk
✆ 033 733 20 20
www.lenkbergbahnen.ch
info@lenkbergbahnen.ch

Meiringen-Hasliberg-Bahnen
3860 Meiringen
✆ 033 972 50 10
www.alpentower.ch
info@alpentower.ch

PostAuto Regionalzentrum Berner Oberland
3800 Interlaken
✆ 033 828 88 28
www.postauto.ch
postautobeo@post.ch

Schilthornbahn
3800 Interlaken
✆ 033 82 60 007
www.schilthorn.ch
info@schilthorn.ch

Thunersee-Beatenberg-Niederhorn Bahnen
3803 Beatenberg
✆ 033 841 08 41
www.niederhorn.ch
info@niederhorn.ch

Der wanderfreundliche Rhombus

**WANDERER
WANDERINNEN
HERZLICH WILLKOMMEN**

MITGLIED
BERNER WANDERWEGE
2005

Wandernde willkommen

In folgenden Restaurants, Hotels und Geschäften sind Wandernde jederzeit herzlich willkommen. Die aufgeführten Betriebe sind Mitglied des Vereins Berner Wanderwege; sie unterstützen diesen und dessen Bestrebungen.

3715 Adelboden
Berghotel Hahnenmoospass
Hotel Alpina
Hotel Beau-Site
Hotel Crystal
Hotel Hari im Schlegeli AG
Hotel Kreuz
Hotel Waldhaus-Huldi
Hotel-Restaurant Des Alpes
Hotel-Restaurant Schermtanne
Parkhotel Bellevue & Spa
Ramada-Treff Hotel Regina
Sporthotel Adler
Tea-Room Ruedy-Hus
3855 Axalp
Alpengasthof Axalp
3803 Beatenberg
Alphotel Eiger
Hotel-Restaurant Gloria
3766 Boltigen
Hotel Simmental
Restaurant Neuenberg
3754 Diemtigtal/Diemtigen
Gasthaus Bergli
Restaurant Hirschen
3755 Diemtigtal/Horboden
Gasthaus Hohniesen, Entschwil
Hotel Gsässweid
Hotel Restaurant Rothbad
Restaurant Horboden
Restaurant Springenboden
3757 Diemtigtal/Schwenden-Grimmialp
Hotel Spillgerten
3784 Feutersoey
Restaurant Cheeserii
Restaurant Huus am Arnensee
3818 Grindelwald
Berghaus Bort
Bergrestaurant Alpiglen
Gasthof Panorama
Hotel Alte Post
Hotel Derby AG
Hotel Eiger
Hotel Kreuz & Post
Hotel Wetterhorn
Hotel-Restaurant Bodmi
Hotel-Restaurant Kirchbühl
Parkhotel Schoenegg
Restaurant Brandegg
Sunstar Hotel
3783 Grund b. Gstaad
Restaurant Chlösterli
3780 Gstaad
Berghaus Wispile
Hotel Bernerhof
Hotel Gstaaderhof
Hotel Le Grand Chalet

Posthotel Rössli
Sport Hotel Rütti
Sporthotel Victoria
3785 Gsteig
Hotel Bären
Hotel Viktoria
3804 Habkern
Restaurant Alp-Heubühlen
Restaurant Alpenblick
6083 Hasliberg Hohfluh
Hotel-Restaurant Bären
Hotel-Restaurant Reha Klinik
Haslibergerhof AG
6086 Hasliberg Reuti
Hotel Reuti
6084 Hasliberg Wasserwendi
Gasthof Berghaus
3766 Jaunpass (Boltigen)
Hotel des Alpes
3718 Kandersteg
Chalet-Hotel Adler
Hotel Bernerhof
Hotel Blümlisalp
Hotel Des Alpes
Hotel-Restaurant Ermitage
3801 Kleine Scheidegg
Bergrestaurant Grindelwaldblick
3782 Lauenen
Hotel Alpenland
Hotel Geltenhorn
Hotel Wildhorn
3822 Lauterbrunnen
Hotel Silberhorn
Hotel-Restaurant Schützen
3775 Lenk
Hotel Garni Alpina
Hotel Krone
Hotel Lenkerhof Alpine Resort
Hotel-Restaurant Simmenfälle
3860 Meiringen
Hotel-Chalet Schwarzwald-Alp
Parkhotel du Sauvage
Restaurant Aareschlucht, Willigen
3825 Mürren
Hotel Jungfrau & Haus Moench
Pension Suppenalp
Restaurant Pension Sonnenberg
3792 Saanen
Hotel Landhaus
Hotel-Restaurant Saanerhof
3777 Saanenmöser
Berghotel Hornberg
Golfhotel Les Hauts de Gstaad
Hotel Bahnhof
Hotel Hornberg
Restaurant Bistro

3778 Schönried
Bergrestaurant Kübelialp
Rellerli AG
Wellness Hotel Ermitage Golf
3781 Turbach
Wintermattenbeizli
3823 Wengen
Café Mary
Hotel Bellevue-Wengen
Hotel Belvédère
Hotel Edelweiss
Hotel Eiger
Hotel Jungfrayblick
Hotel Silberhorn
Restaurant Silberhornstube
3770 Zweisimmen
Berghotel Sparenmoos
Hotel Résidence AG
Hotel-Restaurant Rawil-Sternen
Sport-Motel

Sport- und Schuhgeschäfte
3715 Adelboden
Oester Sport
3803 Beatenberg
Grossniklaus Sport
3778 Schönried
Frautschi Sport AG

Vorbeugen ist besser ...

Nichts ist ärgerlicher, als nach anstrengender Wanderung vor einer verschlossenen Gasthaustüre zu stehen. Auch Gastwirte haben jedoch ein Anrecht auf wohlverdiente Ruhe. Wer klug ist, baut vor! Die entsprechenden Telefonnummern finden Sie bei der Routenbeschreibung.

Kartenverzeichnis

Topografische Karten – die zuverlässigen Ratgeber

Als Ergänzung zum Wanderbuch steht eine grosse Auswahl an Kartenmaterial zur Verfügung. Wanderkarten und Landeskarten sind im Buchhandel oder bei der Geschäftsstelle der Berner Wanderwege, Postfach, 3000 Bern 25, erhältlich. Mitglieder des Vereins Berner Wanderwege geniessen dort eine Preisermässigung.

Wanderkarte 1:60 000 Kümmerly+Frey — Routen oder Teilstücke davon

Jungfrau-Region, Thuner- und Brienzersee	1–16
Saanenland–Simmental–Diemtigtal	12, 13, 15–30

Wanderkarte 1:50 000 SAW/swisstopo

255 T	Sustenpass	1–3
254 T	Interlaken	3–10, 12, 13
264 T	Jungfrau	9–11, 14
263 T	Wildstrubel	15–30

Wanderkarte 1:50 000 Zusammensetzung swisstopo

5025 T	Saanenland–Simmental	15–30

Landeskarte 1:50 000 swisstopo
Gleiche Blätter und Nummerierung wie T-Reihe

Landeskarte 1:50 000 Zusammensetzungen swisstopo

5004	Berner Oberland	1–16
5009	Gstaad–Adelboden	16–30

Landeskarte 1:25 000 swisstopo

1210	Innertkirchen	1–3
1209	Brienz	3
1229	Grindelwald	4–7
1228	Lauterbrunnen	7–10
1248	Mürren	9–11, 14
1208	Beatenberg	12, 13
1247	Adelboden	14, 15, 17–21
1227	Niesen	21
1246	Zweisimmen	22, 23, 26–28
1266	Lenk	24, 25, 28–30

Landeskarte 1:25 000 Zusammensetzungen swisstopo

2520	Jungfrau-Region	5–11
2519	Region Thunersee	12, 13

Notfall – was nun?

Mit der Zahl der Wanderfreudigen steigt leider jedes Jahr auch die Zahl der Unfälle auf Wanderwegen. Die nachstehende Auflistung von Verhaltensmassnahmen bei Unfällen gilt einzig als Faustregel. Wo immer möglich ist Fachhilfe (Arzt, Rettungsdienst) beizuziehen.

Quelle: www.samariter.ch

Massnahmen bei Notfällen

Schauen

- **Situation überblicken**
- Was ist geschehen?
- Wer ist beteiligt?
- Wer ist betroffen?

Denken

- **Folgegefahren für Helfer und Patienten erkennen**
- Gefahr für Unfallopfer?
- Gefahr für Helfende?
- Gefahr für andere Personen?

Handeln

- Sich selbst vor Gefahren schützen
- Notfallstelle absichern
- Nothilfe leisten (evtl. Patienten aus der Gefahrenzone bergen, lebensrettende Sofortmassnahmen)
- **Fachhilfe anfordern 144**

Massnahmen bei Bewusstlosigkeit

- Nichts zu trinken geben
- Den Bewusstlosen in Bewusstlosenlage bringen
- Fachhilfe anfordern (144)

Bewusstlosenlagerung

- Kopf sorgfältig nach hinten, Gesicht schräg nach unten drehen (freier Abfluss aus dem Mund)
- Den Patienten dauernd überwachen
- Den Patienten mit einer Decke/Jacke zudecken

Massnahmen bei Blutungen

- Verletzte Person flach lagern
- Verletzten Körperteil hochhalten
- Fingerdruck an geeigneter Stelle
- Blutung mit Druckverband stoppen
- Nach der Blutstillung den verletzten Körperteil hoch lagern und ruhig stellen
- Fachhilfe anfordern (144)

Massnahmen bei Schock

(Massive Störung der Blutversorgung im Körper)

- Unnötige Bewegungen und Schmerzen vermeiden
- Betroffene beruhigen, gut zusprechen
- Vorhandene äussere Blutungen stillen
- Nichts zu trinken geben
- Vor Kälte und übermässiger Hitze oder Sonne schützen
- Fachhilfe anfordern (144)

Beatmung

- Verunfallten auf den Rücken legen. Kopf schonend, aber vollständig nach hinten strecken.
- Unterkiefer gegen den Oberkiefer drücken.
- 12–15 Beatmungsstösse pro Minute in die Nase blasen.
- Nach den ersten 2 Beatmungsstössen Kontrolle auf Eigenatmung durchführen.
- Wenn negativ, mit Beatmung weiterfahren, bis Eigenatmung einsetzt.

Internationales Notrufzeichen

Sechsmal in der Minute ein Zeichen geben (z. B. rufen, pfeifen mit Trillerpfeife, blinken mit Taschenlampe). Eine Minute warten. Wiederholen. Antwort: Dreimal in der Minute ein Zeichen geben.

Notsignale für Rettungshelikopter

Wir brauchen Hilfe!   Keine Hilfe nötig!

Wichtige Telefonnummern

Rettung mit Helikopter	14 14
Internationaler Notruf	112
Sanitätsnotruf	144
Polizeinotruf	117
Wetterbericht	162

Rega-Notruf: 1414 (ohne Vorwahl) Schweizerische Rettungsflugwacht

Meldeschema

- **Wer** meldet?
- **Was** ist geschehen?
- **Wann** ist der Unfall geschehen?
- **Wo?** (genaue Ortsangabe)
- **Wie** viele Personen sind betroffen?
- **Weitere** Gefahren?

Achtung Blindgänger!

Im Voralpen-Gebiet finden im Frühsommer und im Spätherbst militärische Gefechtsschiessen statt. Beim Antreffen von Blindgängern ist besondere Vorsicht geboten:

Nie berühren!   Markieren!   Melden! ✆ 117

✆ **031 324 25 25** erteilt genauere Informationen zu militärischen Schiessübungen im Kanton Bern.

Register

Die Ziffern geben die Routennummern an. Weil die Sprache lebt, sind Nomenklaturen ständigen Wechseln unterworfen. Die in diesem Buch verwendeten Ortsnamen stützen sich in der Regel auf die Landeskarte der Schweiz 1:50 000.

Steckbrief der Berner Wanderwege

Berner Wanderwege

Die Berner Wanderwege sind ein Verein (Gründung: Mai 1937)

Wichtigste Vereinstätigkeiten:
- Planung und Markierung des 10 134 km langen Wanderroutennetzes im Kt. Bern.
- Wegebau, Beratung und Unterstützung der Gemeinden in Wegebau-Angelegenheiten.
- Kommunikation über die vierteljährlich erscheinende Zeitschrift «wandern» und die Website der Berner Wanderwege.
- Mitgliederservice für die rund 11 000 Mitglieder der Berner Wanderwege mit den Schwerpunkten Wanderbücher, geführte Wanderungen, Shop und Auskunftsdienst.

Die **Berner Wanderwege** setzen sich für die Interessen der Wanderer ein. Mit Ihrer Mitgliedschaft unterstützen Sie die wichtige Arbeit des Vereins und geniessen zugleich folgende Vorteile:
- Internet-Wander-Routenplaner www.mywalk.ch
- Vergünstigte Buchung von Wanderreisen
- Rabatte auf Wanderkarten und Wanderbüchern
- Zeitschrift «wandern» (4x jährlich kostenlos)

Wer gerne wandert, wird Mitglied der Berner Wanderwege.
Berner Wanderwege, Postfach, 3000 Bern 25
✆ 031 340 01 11, Fax 031 340 01 10
www.bernerwanderwege.ch, info@bernerwanderwege.ch

Die Wanderbuch-Reihe der Berner Wanderwege

3091 d / 3099 f

3092

3093

3094

3095

3096

3097

3098

3100

3101 d / 3102 f

Berner Wanderwege

Chemins pédestres bernois

Die Berner Wanderwege setzen sich für die Interessen der Wanderer ein. Hauptaufgabe des gemeinnützigen Vereins ist die Markierung der Wanderwege im ganzen Kanton Bern. Als Mitglied unterstützen Sie die Berner Wanderwege und nutzen gleichzeitig die folgenden Vorteile:

- Sie erhalten unsere Zeitschrift *wandern* mit Wandervorschlägen und vielen Informationen rund ums Wandern.
- Auf Wanderbüchern, Wanderkarten und Wanderrstöcken gewähren wir Ihnen erhebliche Vergünstigungen.
- Bei unseren Wanderreisen profitieren Sie von attraktiven Mitgliederrabatten.

Wir weisen Ihnen den Weg.

Ich wünsche **Mitglied der Berner Wanderwege zu werden**
- als Einzelmitglied (Jahresbeitrag CHF 50.-)
- als Familienmitglied (Jahresbeitrag CHF 70.-)

Ich wünsche: **Wanderkarten 1:60 000** (CHF 24.80 + Porto)
- Berner Jura–Seeland
- Saanenland-Simmental
- Emmental–Oberaargau
- Jungfrau-Region
- Berner Mittelland

Ich wünsche: **Wanderbücher** (CHF 22.80 + Porto)

- Berner Jura–Bielersee–Seeland
- Jura bernois–Lac de Bienne–Seeland (f)
- Emmental–Oberaargau
- Region Bern–Gantrisch
- Saanenland–Simmental–Diemtigtal
- Thunersee–Frutigland
- Jungfrau-Region–Brienzersee–Oberhasli
- Berner Oberland, Rundwanderungen
- Bernerland, Rundwanderungen
- Passwege im Berner Oberland
- Welterbe Jungfrau–Aletsch–Bietschhorn
- Jungfrau–Aletsch–Bietschhorn (f)
- Schneepfade im Berner Oberland

- Zutreffendes bitte ankreuzen

Vorname + Name:

Adresse: PLZ + Ort:

Datum: Unterschrift:

Bitte Karte ausfüllen, abtrennen und einsenden.

Geschäftsantwortsendung Invio commerciale-risposta
Envoi commercial-réponse

Berner Wanderwege
Chemins pédestres bernois

Berner Wanderwege, Moserstrasse 27, 3000 Bern 25
Tel. 031 340 01 11, info@bernerwanderwege.ch

Wir weisen Ihnen den Weg.

Berner Wanderwege
Postfach
3000 Bern 25